KB165670

우리의 죽음이 삶이 되려면

우리의 죽음이 삶이 되려면

삶의 마지막 순간에 내리는
마지막 결정에 대한 이야기

허대석

글항아리

죽음은 인간사에서 하나의 자연스러운 과정으로, 부정적이고 어두운 면만 부각될 건 아니다. 그런데 과학과 함께 의료기술이 발전함에 따라 사람들은 삶을 긍정하되 죽음은 가능한 한 피하고 싶은 것으로 여겨왔다. 그리하여 지난 세기 우리 수명은 이전 세기 사람들보다 훨씬 늘었지만, 한편 과거에는 없었던 새로운 문제들이 생겨나고 있다. 한 사람이 살아가면서 겪는 생로병사의 과정이 대부분 의료화되면서 맞닥뜨리게 되는 점인데, 그것은 아이러니하게도 삶이 아닌 죽음의 문제다.

병원이란 곳은 기본적으로 생명을 연장하는 것을 목표로 한다. 하지만 이것은 어느덧 임종기 환자들에게까지 무의미한 연명의료를 하는 것으로 이어져, 존엄사 및 호스피스 제도 문제와 맞물려 사회적 논쟁거리가 되고 있다. 만성질환 말기 환자가 남은 생을 의미 있고 편안하게 마무리하려면 호스피스 제도가 확립되어야 하는데, 그러려면 연명의료결정이 전제되어야 하기 때문이다.

20년간 사회적 협의와 공청회 등을 거친 후 2015년 '호스피스·완화의료 및 임종과정에 있는 환자의 연명의료결정에 관한 법률안'(이하 연명의료결정법)이 발의·상정되어 2016년 2월 제정·공포되었다. 이에 따라 보건복지부가 정한 질환의 말기 환자가 호스피스 병상에 입원했을 때 건강보험 혜택을 받을 수 있도록 호스피스 관련 법은 2017년 8월부터 시행되고 있다. 연명의료 관련 법은 2018년 2월부터 시행되고 있다.

그렇지만 아직 많은 사람이 '연명의료결정법'의 존재를 모르거나 제대로 이해하지 못할뿐더러 심지어 병원에 근무하는 의료진조차 충분히 숙지하지 못하고 있다. '호스피스·완화의료 및 임종과정에 있는 환자의 연명의료결정에 관한 법률'을 '연명의료결정법'으로 줄여 말하다보니 호스피스와 연관성이 있다는 것을 모르는 이도 많다.

연명의료결정법은 법안, 시행령, 시행 규칙에 관련 서식까지 합하면 40여 페이지에 달하는 복잡한 법이다. 3년까지 실형을 선고할 수 있는 벌칙 조항도 있다. 법을 만들고 집행하는 이들은 법만 시행하면 '임종의 질'이 나아질 것으로 기대하지만 이미 많은 문제점이 드러났다.

장기간 병고에 시달려온 말기 환자에게 임종이 임박했다는 사실을 알리고 서명을 받는 것은 환자에게 고통만 더한다고 여겨져 차마 서류 작성을 못 하는 게 현실인데, 환자 본인의 서명이 없으면 '무의미한 연명의료'에 동의한 것으로 간주하는 것은 당연히 현실에 맞지 않는다. 어느 누구도 고통스러운 임종을 원치 않기 때문이다.

연명의료는 본질적으로 의학의 문제이므로 의료진이 잘 이해해야 하고, 진료 현장에서 적용하는 데 문제가 없어야 한다. 그런데 만들어진 법안은 한국의 의료 현실과 동떨어진 면이 있어 앞으로 보완 작업을 거쳐야만 할 것이다.

죽음에 대해 이야기하는 것은 유쾌하지도 않을뿐더러 쉽지 않은 일이다. 그래서 다른 사람의 죽음에 관해서는 이야기할지언정 누구든 자신의 죽음을 구체적으로 말하는 것은 꺼린다. 그러나 한국인 세 명 중 한 명은 암에 걸리고, 한 해 사망자의 약 90퍼센트가 암을 포함한 만성질환으로 죽는다는 것은 통계적으로 입증되는 사실이다. 한국인의 평균 수명이 83세를 넘어 더 연장되는 만큼, 우리가 만성질환으로 병원에서 지내야 하는 기간도 늘어나고, 의료 시설에서 임종을 맞을 가능성도 더 높아질 것이다.

연명의료 문제는 법을 시행하고 단속한다고 해서 근본적으로 해결될 수 있는 사안이 아니다. 어떤 모습으로 삶을 마무리하는 것이 바람직한지 사회가 함께 생각하고 새로운 규범을 마련하는 것이 필요한 이유다.

글을 전문적으로 쓰는 작가도 아닌데 그동안 써온 짧은 글들과 자료를 정리해 책으로 펴내겠다고 무모하게 결심하게 된 것은 '연명의료결정법' 시행과 함께 우리 대부분이 경험하게 될 병원에서의 임종 문제를 고민해보고 싶었기 때문이다.

이 책이 나오기까지 함께 작업해준 글항아리 이은혜 편집장에게 고맙다는 말을 전한다. 또 바쁜 와중에 원고를 꼼꼼히 읽고 귀중한 의견을 주신 서울대학교병원 내과 김범석 교수, 소아청소년과 김민선 교수, 정신건강의학과 박혜윤 교수, 호스피스센터 고주미 선생께 감사를 드린다.

마지막으로 이 책에 등장하는 사례들의 당사자뿐만 아니라 그 가족분들에게 감사의 말을 전하고 싶다. 연명의료와 관련된 작은 결정조차 환자나 가족 입장에서는 순간순간 치열한 고심 끝에 내린 귀중한 결정이었다. 그래서 실제 있었던 상황을 가능한 한 그대로 전하려고 노력했다.

2021년 2월 10일
허대석

차례

제1장

죽음을 맞는 어떤 풍경

우리는
어디서 죽는가

우리나라에서 한 해 죽음을 맞는 이는 약 29만여 명이다.[*] 이 가운데 77.1퍼센트에 달하는 대다수(22만여 명)는 집이 아닌 병원에서 삶을 마감한다. 집에서 임종하는 사람은 단 13.8퍼센트에 불과하다. 지금으로부터 30년 전으로 거슬러 올라가보자. 1990년대 이전만 해도 대개의 한국인은 집에서 죽었다(병원에서 임종하는 이는 10퍼센트에 불과했다). 우린 전통적으로 집을 떠나 사망하는 것을 '객사客死'라 부르며 꺼렸기에 병원에서 오랜 기간 투병했던 환자라도 돌아가실 때가 되면 본인 집으로 모시고 갔다.

하지만 이제 병원은 사람을 살려내는 곳이면서 동시에 죽음을

[*] 2019년 기준 29만5110명(통계청).

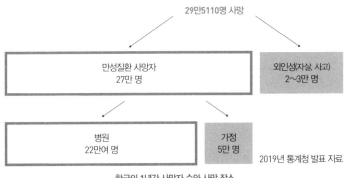

한국의 1년간 사망자 수와 사망 장소

가장 빈번하게 치러내는 곳이 돼버렸다. 임종은 인간사의 한 흐름이 아닌, 전적인 의료 문제가 된 것이다.

그렇다면 당신은 정말로 병원에서 죽기를 원하는가? 이 질문에 '그렇다'고 답한 사람은 16.3퍼센트뿐이고, 많은 사람(57.2퍼센트)은 집에서 삶을 마무리 짓길 원했다.● 내가 죽고자 하는 곳에서 결코 죽지 못하는 게 한국인이 생의 끝자락에서 맞닥뜨리는 딜레마다.

이런 흐름은 혹시 의료 기술의 발달로 인한, 즉 선진국에 나타나는 현상 중 하나일까. 바깥으로 시선을 돌려봐도, 미국은 9.3퍼센트, 영국은 54퍼센트가 병원에서 죽어 한국(77.1퍼센트)에 비해 훨씬 낮은 수치를 보인다. 반대로 가정이나 사회복지 시설 등 평소 거주하던 곳에서 사망하는 비율은 미국이 58.9퍼센트, 영국이

● 2014년 건강보험공단에서 성인 남녀 1500명을 대상으로 설문조사한 자료에 의한 통계다.

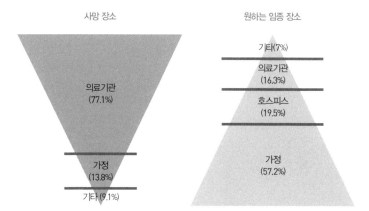

사망 장소

의료기관
(77.1%)

가정
(13.8%)

기타(9.1%)

원하는 임종 장소

기타(7%)

의료기관
(16.3%)

호스피스
(19.5%)

가정
(57.2%)

실제 사망 장소와 희망 임종 장소 비교

41.8퍼센트로 우리(20.5퍼센트)보다 월등히 높았다.

이것이 시사하는 바는 명확하다. 임종에 직면해서 연명의료를 어느 정도까지 시행해야 하는가의 문제로 직결되기 때문이다. 따라서 사회적으로 새로운 죽음의 문화를 논하고 합의점을 찾는 일을 더는 미룰 수 없다.

2

죽기 힘든 세상

: 연명 장치에 의존한 마지막 삶의 의미

두 번 자살 시도한 70대 폐렴 환자

그는 1년 전부터 양쪽 눈의 눈물길이 막혀 눈물이 심하게 나왔고, 수술을 받고자 안과에 입원했다. 20년 전 폐렴을 앓아 한쪽 폐를 절제했던 그에게 이번 수술 때 하는 전신마취는 위험할 수 있었다. 그렇지만 환자는 눈 질환을 꼭 해결하고 싶다는 의지를 내비쳤다.

수술은 성공적으로 끝났지만, 그 후 환자는 폐렴에 걸렸다. 항생제를 사용했는데도 병은 더 악화되었고 산소 공급에도 불구하고 호흡곤란은 점점 더 심해졌다. 수술 후 일주일, 그는 안과 병실 화장실에서 쓰러진 채 발견되었다. 유서를 미리 작성해두고는 화장실에서 칼로 몸을 자해해 출혈이 일어나면서 의식을 잃었던 것이다. 의료진은 곧 심폐소생술을 시행한 뒤 그를 중환자실로 옮겼다.

그곳에서 그는 일주일간 인공호흡기 등을 달고 집중적인 치료를 받았지만, 폐렴으로 인한 호흡 기능 저하는 회복하지 못한 채 상태는 점점 악화됐다. 아내와 자녀는 그가 살아날 가능성이 없다면 연명의료를 중단하고 편안하게 죽음을 맞도록 해달라고 요구했다.

의료진이 보기에도 한쪽 폐만 있는 환자가 원인균을 알 수 없는 폐렴을 앓으면 치료될 가능성은 낮았다. 하지만 그는 말기 암과 같은 질환을 앓는 게 아니라서 정확히 판단 내리기는 어려웠다. 더욱이 입원 중 자살 시도를 한 터라, 법적 문제가 발생할 우려도 있었다. 다행히 중환자실에서 환자는 잠깐 의식을 회복했는데, 죽고 사는 것의 문제는 그리 간단치 않았다. 의식을 되찾은 그가 인공호흡기에 연결된 관을 제거한 것이 발견돼, 또다시 자살을 시도한 것으로 판단됐기 때문이다.

그는 평소 연명 장치에 의존한 삶을 원치 않는다는 것을 가족에게 되풀이하여 이야기했다. 유서에서 그는 자기 입장을 더 명확히 했고, 두 차례 자살 시도까지 했던 터라 가족도 환자가 편안히 임종을 맞길 원했다.

문제는 의료진의 입장이었다. 인공호흡기를 중단하려면 환자에게 사망이 임박했다는 의료진의 '임종기' 판정이 있어야 했다. 하지만 법적 문제에 부딪힐 우려 때문인지 의료진은 적극적으로 나서지 않고 신중하게 접근했다. 그렇게 그는 인공호흡기에 의존한 채 중환자실에서 2주를 더 버티다가 사망했다.

의료진도 심정적으로는 환자와 가족을 지지해주고 싶었다. 그러
나 현실은 엄정했다. 폐렴 악화를 두고 임종 과정이라고 단정해 인
공호흡기를 제거했다가는 보라매병원 사건●처럼 살인죄나 살인방
조죄로 처벌받든가, 아니면 법적 분쟁에 휘말릴지도 모를 일이었
기 때문이다.

생후 7개월 된 아기의 인공호흡기

태어난 지 다섯 달 된 남자아이가 호흡곤란으로 응급실에 실려왔
다. 아기는 생후 50일까지는 정상 발육을 보였지만 이후 힘없이 처
지는 증상이 나타났다. 급기야 목을 가누지 못했고, 유전자 검사
결과 '척수성 근위축SMA type I'이란 진단이 나왔다. 이 질환을 앓으
면 감정 표현 등 신체의 기본적인 기능은 유지되지만, 근육이 점점
약해져 자발호흡이 어려워지고 평생 인공호흡기에 의존해야만 생
명을 이어갈 수 있다. 어른으로 치자면 루게릭병ALS과 유사하다.

아기는 발열, 기침, 가래 등으로 호흡곤란이 있어 응급실로 여
러 차례 왔고 입원까지 했다. 그러던 중 생후 7개월째 되던 시점에

● 1997년 12월 보라매병원에서 뇌수술을 받고 중환자실에서 인공호흡기로 연명
하고 있던 환자의 부인은 남편을 퇴원시켜줄 것을 요구했다. 의사는 '퇴원하면
환자가 사망할 수 있다'고 알렸지만 보호자는 퇴원을 강행했다. 이로 인해 환
자가 사망하자, 보호자에게는 '살인죄'가, 보호자의 요구에 따라 환자를 퇴원
시킨 담당 의사에게는 '살인방조죄'가 적용돼 실형을 선고받았다.

심한 호흡곤란으로 다시 입원했다. 의료진은 아기가 근위축으로 자발호흡이 안 되니, 기관내삽관intubation을 한 뒤 인공호흡기를 적용할 것을 강하게 권유했다. 반면 아기의 부모는 회생할 가능성이 없다면 기관내삽관을 하거나 인공호흡기를 적용하는 데 반대한다며 단호하게 거절했다.

이런 일은 흔히 일어날 수 있고, 어느 누구도 쉽게 상대의 옳고 그름을 따질 수 없다. 그것은 상당 부분 '가치관'의 문제이기 때문이다. 의료진은 인공호흡기로 아기가 평균 2년까지 생존할 수 있다고 예상해 적극적인 치료를 권했지만, 아기 엄마는 과거 자기 모친이 기도삽관 후 인공호흡기에 의존한 채 오래 시간을 끌다가 생을 마감한 것을 목격했었다. 그런 까닭에 인공호흡기는 일시적 생명 연장을 위해 고통받는 기간만 늘릴 뿐이라며, "아이에게 남은 시간만이라도 소소한 기쁨을 느끼게 해주고 싶다. 그런 치료는 어른의 욕심이라고 생각한다"면서 맞섰던 것이다. 아기 아버지도 아내와 뜻을 같이했다.

이런 의견 차로 결국 의료기관윤리위원회의 자문까지 받았지만 의료진과 부모 사이의 견해차는 좁혀지지 못했다. 아기에게 산소 공급은 했어도 끝끝내 인공호흡기는 사용하지 않았다. 죽음을 맞는 아기가 고통받지 않도록, 의료진은 충분한 양의 안정제를 주입했다. 마지막으로 입원한 지 13일 만에 아기는 병원에서 생을 마감했다. 그의 나이 7.5개월이었다.•

82세 할머니의 회생 가능성

한겨울 할머니는 빙판길을 걷다가 미끄러지면서 오토바이와 부딪 쳤다. 그로 인해 양쪽 골반 뼈와 대퇴골 골절이 생겨 응급실을 통해 입원한 터였다. 골절은 응급수술로 조치를 취했지만, 폐렴이 발생한 게 문제였다. 더욱이 호흡곤란이 심해 폐 색전증도 의심되었다. 골절 사고가 있기 전에도 할머니는 만성호흡기질환, 당뇨, 만성신부전증 등으로 외래 진료를 받아왔었다.**

할머니에게는 2주 넘게 항생제가 투여되었다. 하지만 호전될 기미는 없었고, 저산소증까지 발생해 고농도의 산소를 공급받았다. 몸을 흔들면 간신히 눈을 뜰 정도의 의사 표현을 할 뿐 상태는 더 악화되어 중환자실로 옮겨 인공호흡기의 도움을 받아야만 했다.

이런 상황을 가족에게 설명하자 그들은 평소 건강이 좋지 않았던 할머니가 회생할 가능성은 희박하다고 판단했다. 게다가 평소 할머니가 TV나 신문에서 연명 장치에 의존하는 삶을 보면서 자신은 저렇게까지 살고 싶진 않다는 말을 한 적이 있다며 인공호흡기

- 선진국에서는 회생 불능의 선천성 질환을 가진 신생아들은 생후 1년을 전후로 연명의료(주로 인공호흡기)를 계속할지 여부를 결정한다. 가령 프랑스는 의사가 의학적으로 판단해 중단을 결정한다. 다른 한편 법적 의료 분쟁이 많은 미국에서는 부모와 함께 논의해 인공호흡기 중단 여부를 결정짓는다. 이런 판단으로 인한 장기적인 후유증이 미국에서 발생하고 있다. 즉, 자식의 인공호흡기 중단 결정에 직접 참여했던 부모들이 평생 죄책감에 시달리고 있는 것이다. 이는 미국과 같이 자기결정권을 지나치게 중시하는 문화가 항상 좋지만은 않다는 것을 시사한다.
- ** 서울성모병원 이명아 교수가 토론회에서 발표한 사례를 중심으로 구성했다.

적용을 반대했다.

의료진의 입장은 조금 달랐다. 환자는 아직 임종기에 접어들지 않았을뿐더러 급성 합병증으로 인해 일시적으로만 악화된 것일 수 있기에 좀더 적극적인 치료를 시도하고 싶었다. 인공호흡기 등을 적용하면 저산소증도 나아지고 검사 수치가 호전돼 일시적으로나마 상태가 좋아질지 몰랐다. 즉 '회생 가능성이 있다'고 판단한 것이다.

그러자 가족은 물었다. "남의 도움 없이 스스로 자신을 돌볼 수준self-care까지 회복될 가능성은 어느 정도인가요?"

이런 질문을 받는 의사는 누구라도 정확한 답변을 내놓을 수 없다. 의학은 언제나 불확실성에 직면하기 때문이다. 이처럼 의료진과 보호자의 입장 차는 언제든 생길 수 있다. 예를 들어 환자에게 1퍼센트의 회생 가능성이 있을 때 이를 30퍼센트의 회생 가능성과 똑같이 봐야 할까? 만약 회생 불가능하다는 판단을 담당 의사가 아닌 법정이 결정한다면 엄청난 혼란이 올 것이다. 왜냐하면 많은 임상 연구에서 중환자 관리를 하는 전문가조차 환자의 회생 가능성 예측 정확도가 80퍼센트를 넘지 못하기 때문이다.

2018년 2월부터 시행되고 있는 '연명의료결정법'에 따르면, 환자가 회생할 가능성이 없다는 명확한 판단을 전제로 연명의료결정(중단 혹은 유보)을 논의하도록 되어 있다. 따라서 할머니는 연명의료중단 결정이 어려운 사례다.

휴대전화를 가슴에 품고 떠난 엄마

30대 초반의 산모가 복통으로 평소 다니던 병원에서 검진을 받은 결과, 태아 상태가 안정적이지 못하다고 해서 응급으로 제왕절개술을 받았다. 임신 28주차에 출산한 것으로, 아기의 체중은 650그램이었다. 아기는 곧바로 신생아중환자실로 옮겨졌다. 그런데 제왕절개술 과정에서 산모의 복막에 이상한 종괴들이 있는 게 발견됐다. 담당 의사는 복막 종괴를 제거해 조직검사를 의뢰했는데, 암으로 최종 판정되었다.

수술 후 산모는 여러 검사를 받았다. 췌장암이 복막뿐 아니라 간, 양쪽 폐, 뼈 등에도 전이된 터였다. 임신 때문에 복부가 팽창하고 힘들다고 생각했을 뿐, 태아와 함께 암도 자라고 있었던 사실은 알지 못했다.

수술이 불가능한 췌장암이라 항암제 치료를 시작했지만, 효과가 없을뿐더러 부작용으로 백혈구가 감소하면서 세균 감염이 반복되었다. 또 췌장암이 진행되면서 정맥혈전증이 생겼고, 이를 조절하기 위해 항응고제를 사용하자 장출혈이 발생했다. 암은 점점 진행돼 복수가 차고, 뼈 전이로 인한 통증은 마약성진통제 용량을 늘려도 제대로 조절되지 않았다. 방사선 치료를 시도했지만 도움이 안 되었다.

불행 중 다행으로 650그램의 신생아는 집중 치료를 받아 큰 문제없이 성장했고, 체중이 2.6킬로그램까지 늘자 중환자실을 벗어날 수 있었다. 가족은 아기가 많은 사람의 예상을 깨고 기적적으로 생존한 것처럼, 아기 엄마도 췌장암에서 기적적으로 회생하기를 바랐다.

환자는 아기를 안아보지는 못한다 해도 얼굴만이라도 직접 보고 싶어했다. 그러나 빠른 속도로 악화되어 현실적으로 불가능한 일이었다. 가족이 촬영해서 보내주는 아기 동영상을 휴대전화로 보는 게 환자의 유일한 위안거리였다.

마지막 한 달은 마약성 진통제 주사를 정맥으로 계속 주입했지만 통증은 잘 조절되지 않았고, 혈전증으로 인한 하지부종의 악화로 거동이 불가능해졌다. 의식 상태도 점점 나빠져 주변 사람들을 알아보지 못하는 상태까지 이르렀고, 환자는 휴대전화를 가슴에 품은 채 숨을 거두었다. 출산과 함께 암이 진단된 지 5개월 만이었다.

3
나의 죽음과 가족의 권리
환자와 보호자가 죽음을 받아들이는 방식에 대하여

캘리포니아에서 온 딸 신드롬 *

60대 초반의 남자가 심한 호흡곤란으로 응급실을 통해 입원했다. 12년 전 폐결핵 진단을 받았는데, 불규칙한 항결핵제 투약으로 '다제내성 결핵multidrug-resistant tuberculosis' 상태여서 여러 항결핵제를 사용해봤지만 반응이 없었다. 상황은 악화 일로로 치달았다.

그에겐 당뇨도 있었다. 인슐린 주사를 맞았지만 최근에는 콩팥 기능까지 떨어져 소변이 거의 나오지 않아 혈액투석을 시작했다.

- Daughter from California syndrome. 오랫동안 보지 못했던 가족이 갑자기 병원에 나타나 모든 연명 조치를 취해달라고 요구하는 사례를 일컫는다. 연명 의료를 끝까지 고집하는 것은 죄책감과 더불어 현실 부정이 큰 원인일 거라 여겨진다.

입원한 뒤 심한 객혈이 일어 기관내삽관 후 인공호흡기를 적용했다. 색전술로 폐출혈을 일시적으로 막긴 했지만, 출혈은 또다시 일어났고, 폐 기능은 점점 떨어졌다.

그는 중환자실에서 2주 동안 인공호흡기와 혈액투석 등 적극적인 치료를 받았다. 하지만 상황은 점점 나빠지더니 의식까지 저하되었다. 그의 부인은 남편이 평소 "회생 가능성이 없을 경우 연명의료를 원치 않는다"고 말했다면서 치료를 일체 중단하고 거주지 병원으로 가서 편히 임종하게 해달라고 강력히 요구했다. 의료진 역시 폐가 거의 파괴된 상태여서 회생 가능성이 없다는 데 의견을 같이했다. 혈액투석이나 인공호흡기는 일시적으로만 생명을 연장시킨다고 판단했던 것이다.

그런데 이 환자의 경우 연명의료결정에 있어 가족 간에 의견이 일치하지 않았다. 환자는 첫째 부인과 이혼하고, 재혼한 부인이 함께 살면서 간병을 하던 중이었다. 연명의료중단을 결정하는 데는 다른 가족의 의견도 들어야 했기에 연락을 취했는데, 그동안 교류 없이 지내던 전처 사이에 출생한 아들이 나타나 아버지의 생명을 연장하는 데 온힘을 쏟아달라고 요구한 것이다.

임종기에 다다랐지만, 이 환자는 가족 사이의 이견으로 연명의료를 중단할 수 없었다. 그는 인공호흡기에 의존한 채 중환자실에서 33일을 더 머물다가 사망했다. 환자의 생전 의사는 가족 간의 의견 불일치로 결국 존중받지 못했다.

교장 선생님의 민원

대학 총장실을 통해 민원서류가 한 건 접수되었다. 요즈음 환자 민원은 대부분 이메일을 통해 들어오는 터라 좀 의아해하며 서류를 열어보니 손글씨로 정성스레 쓴 편지였다.

환자의 민원을 받고 기분이 좋을 의사는 없을 것이다. 불편한 마음으로 편지를 읽어보니 발신인은 뜻밖에도 가족이 아닌 환자가 다니던 학교의 교장 선생님이었고, 주 내용은 "사망한 학생의 어머니 이야기를 들어보니 담당 의사가 최선을 다하지 않아 환자가 사망했다. 그 담당 교수를 처벌해달라"는 것이었다. 내용을 일부 옮겨보면 이렇다.

환자가 의학적인 이유로 치유될 수 없는 운명이었다 해도, 대학 병원 의사는 마지막 순간까지 생명의 끈을 놓지 않기 위해 환자를 격려하며 치료법을 찾고자 노력해야 하는데, 담당 의사는 연명의료를 권하지도, 환자를 중환자실로 보내지도 않았습니다. 환자가 먼저 '의사 선생님, 이제 저를 보내주십시오'라고 해도 조금만 더 참아보라고 말하는 의사, 저는 그런 사람이 서울대병원 의사여야 한다고 생각합니다. 이 나라의 모든 의사가 포기할지라도 말입니다.

진료를 담당하는 환자가 많아도 나이가 어리거나 젊은 암 환자는 담당 의사의 기억에 특별히 더 남는다. 그런 환자가 사망하면 아무리 많은 죽음을 목격한 의사라도 마음을 추스르기 힘든 것은, 자식 키우는 입장에서 그 부모의 슬픔에 감정이 이입되지 않을 수 없기 때문이다. 사망한 환자는 열여덟 살의 남자 고등학생이었다. 원인을 알 수 없는 고열, 피부발진으로 여러 병원을 전전하다가 찾아온 터였다. 곧바로 시행한 조직검사에서 희귀한 종류의 악성림프종으로 확진되었을 때는 안타깝게도 전신에 암이 퍼진 제4기여서 치료될 가능성이 매우 낮았다.

그러나 아직 포기하기에는 너무 어린 나이이기에 희박한 가능성이더라도 적극적으로 1차, 2차, 3차 항암제까지 시도했지만 호전되지 않았다. 항암제를 반복해서 사용하다보니 면역 기능이 떨어져 환자는 세균 감염이 되었고, 이것이 패혈증으로 진행되면서 전신 상태는 점점 나빠졌다. 이런 상황에서 더 이상 항암제 치료나 조혈모세포이식술을 시도할 순 없었다. 결국 회생 가능성이 없는 임종이 임박한 시점이 되었다.

임종 과정에서 심폐소생술이나 인공호흡기 적용과 같은 연명의료 행위는 환자에게 고통만 더할 뿐이라는 점을 설명하자 아버지는 심폐소생술을 시행하지 않겠다는 동의서DNR, Do-not-resuscitate에 서명을 했다. 그 후 환자에게는 특별한 상황 변화가 없어 자연스레 죽음이 찾아들었고 장례가 치러졌다.

환자의 어머니는 아들의 힘든 투병 과정을 지켜보면서 유난히 말수가 적고 감정 표현을 거의 하지 않았다. 그렇지만 열여덟 살밖에 되지 않은 아들이 생명을 잃어가는데 심폐소생술도 하지 않고 인공호흡기도 달지 않은 채 지켜보고만 있던 의료진이 한없이 원망스러웠던 듯하다. 교장 선생님의 민원 편지를 읽어보면 아들의 죽음을 전하러 갔던 학교에서 어머니가 어떤 설움과 하소연을 토해냈을지 짐작이 된다. 자식을 한순간이라도 더 붙잡아두고 싶었던 어머니의 마음은 이해할 수 있지만, 손을 놓아 편안히 보내주는 것이 아들 입장에서 최선일 수도 있다고 생각하는 마음 역시 헤아려주기를…….

20대 신부의 자살, 이를 둘러싼 친정과 시댁 식구의 마찰

스물일곱 살의 그녀는 목을 매 생을 마감하려 했다. 이제 막 결혼식을 올렸는데, 외항 선원인 남편의 사망 소식이 들려온 것이다. 그녀는 충격으로 자살하겠다는 뜻을 계속 내비쳤고, 가족은 딸을 정신병원에 입원시켰다. 하지만 그녀는 결국 정신병원에서 목을 매 자살을 시도했다. 주변 사람들이 119에 연락해 그녀를 응급실에 실어왔다. 심폐소생술을 시행해 심장박동은 회복했지만 환자는 여전히 혼수상태였고, 자발호흡을 하지 못해 중환자실로 옮겨졌다.

급히 연락받고 병원으로 달려온 친정 부모는 모든 노력을 기울여 딸을 살려달라고 했다. 문제는 목을 매단 후 발생한 저산소증으로 '뇌부종'이 발생해 뇌손상hypoxic brain damage이 일어났다는 점이다.

중환자실로 옮겨진 지 3개월째. 그녀는 여전히 의식이 없었다. 자발호흡도 마찬가지로 불가능한 상태였다. 중환자실 진료는 재정적으로 엄청난 부담을 안겼다. '자살'은 건강보험 적용 대상이 못 되기에 진료비 전액을 가족이 부담해야 했던 것이다. 자식을 살리는 데 최선을 다하겠다던 친정 부모도 결국 회생 가능성이 없다면 딸의 연명의료를 중단해줄 것을 요청했다.

의료진이 뇌파 검사를 한 결과, 그녀는 뇌사 상태에 가까웠다. 하지만 아직 미세한 뇌파가 남아 있어 뇌사로 판정할 순 없었다. 어쨌든 의료진은 회생 가능성이 희박하다는 판단을 내렸다.

그런데 상황을 복잡하게 만든 요인은 생각지도 못한 데서 나타났다. 그녀에게는 친정 부모뿐 아니라 시부모도 있었다. 모든 의사결정은 그녀의 친정 부모가 하고 의료비 역시 그들이 부담했던 반면, 시댁 식구는 그동안 병원에 나타난 적이 없었고 연락조차 제대로 닿지 않았다.

그렇지만 병원 의료기관윤리위원회는 친정뿐 아니라 시댁 식구도 동의해야 인공호흡기를 제거할 수 있다고 알려왔다. 이때 시댁은 정반대 입장을 취했다. '몇 년을 이러다가도 의식이 돌아오는 사람이 있다'며 윤리위원회의 결정에 동의하지 않았던 것이다. 결국 그녀는 중환자실에서 인공호흡기에 의존한 채 143일을 더 있다가 사망했다. 친정 가족은 딸의 사후 장기 기증 의사를 밝혔고, 그녀의 각막은 다른 사람에게 기증되었다.

인공호흡기로 연장된 15일의 의미

66세의 여자 환자가 있었다. 그녀는 다발성골수종(골수에 발생한 암)으로 진단돼 항암제 치료를 반복해서 받아왔고, 이듬해 1월에는 조혈모세포이식술도 시행했다. 그러나 3년 후부터는 항암제 치료에 반응을 보이지 않았다. 상황은 악화되어 뼈 전이로 왼쪽 팔뼈가 골절되었고, 10월 29일에 수술을 받았다.

여러 차례 입원치료를 하던 중 마지막 입원은 12월 4일 시작되었다. 이번에는 암이 척추로 전이되어 하반신이 마비되었고, 방사선 치료도 받았지만 소용없었다. 거동을 할 수 없게 되자 등에는 욕창이 생겼고, 소변을 조절할 수 없게 되어 소변줄을 방광에 삽입해서 관리해야 했다.

면역 기능까지 떨어진 그녀는 세균 감염이 반복적으로 일어나 격리 병실로 옮겨졌다. 하지만 불면증으로 인한 고통에 환자는 경남 마산에 있는 집으로 가고 싶다는 의사를 나타냈다. 한편 자녀들은 어머니가 임종기(말기) 상태임을 받아들이지 못해 의료진에게 항암제 치료를 더 해달라고 요구했다.

이듬해 1월 24일 환자는 사리에 맞지 않는 이야기를 이따금 하기 시작했다. 그리고 그날 저녁 9시 호흡곤란을 보여 분당 3리터의 산소 공급을 시작했다. 이튿날 새벽 4시, 환자는 숨을 제대로 쉬지 못하고 혈압이 갑자기 떨어지면서 혼수상태에 빠졌다. 급히 달려온 당직 의사는 4시 10분 심폐소생술을, 4시 40분에는 기관내삽관을 했고, 5시 20분에는 중환자실로 옮겼다.

중환자실로 간 그녀에겐 인공호흡기가 적용되었고, 수십 가지 검사와 수십 가지 약제 투여가 매일같이 이뤄졌지만 끝내 의식을 회복하지 못했다. 2월 9일 오전 7시가 그녀 생의 마지막 순간이었다. 그렇다면 1월 25일부터 2월 9일까지 인공호흡기로 연장된 보름 동안의 삶은 그녀에게 어떤 의미였을까?

사실 1월 25일부터 이뤄진 의료 행위는 임종 과정을 연장하는 의미밖에 없었다. 만약 12월 말이나 1월 초쯤 집으로 돌아가거나 거주지 근처의 호스피스 기관으로 옮겨졌다면 생을 마무리하는 데 환자에게 더 좋은 시간이 되었을지도 모른다. 입원을 계속한 상황이더라도, 1월 25일 인공호흡기를 적용하지 않았더라면 마지막 가는 길의 고통은 덜했을 것이다.

4

병원에서 삶을
마감하는 것에 대하여

의료에 집착하는 사회

1960년대부터 발전한 심폐소생술과 인공호흡기 같은 연명 장치는 급성질환으로 생명이 위독한 환자들의 목숨을 구하는 의학 발전의 커다란 성과다. 문제는 이것이 자연스레 임종을 맞아야 할 만성질환자에게까지 널리 적용되면서, 의미 있는 삶을 연장시키기보다 고통받는 기간을 늘리고 있다는 점이다(선진국에서는 1970년대 후반부터 무의미한 연명의료는 하지 않도록 대부분 법제화되었다). 한국인 대부분이 병원에서 임종을 맞게 되면서 과연 어느 선까지 연명의료를 해야 하는가를 두고 의료진과 환자 가족 사이의 갈등은 점점 늘어나고 있다.

2004년 17개 대형 병원에서 암으로 사망한 3750명의 환자를

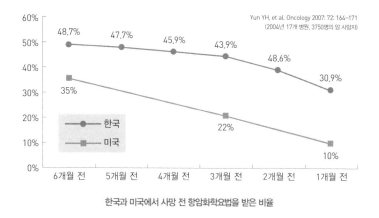

Yun YH, et al, Oncology 2007; 72: 164-171
(2004년 17개 병원, 3750명의 암 사망자)

48.7% 47.7% 45.9% 43.9% 48.6% 30.9%

35% 22% 10%

한국
미국

6개월 전   5개월 전   4개월 전   3개월 전   2개월 전   1개월 전

한국과 미국에서 사망 전 항암화학요법을 받은 비율

조사한 적이 있다. 그들 중 30퍼센트는 죽기 한 달 전 시점에 항암제를 투약받고 있었다. 이와 비슷한 조사를 했을 때 미국에서는 단 10퍼센트만이 항암제 치료를 받은 것과는 대조되는 결과다. 항암제는 환자에게 도움을 줄 수도 있지만 부작용으로 오히려 손해를 끼칠 가능성도 있다. 특히 사망 전 1~3개월 시점에서의 투여가 그렇다.

2009년에는 보건복지부와 한국보건의료연구원이 공동으로 한국 의료기관의 연명의료 실태를 조사한 적이 있다. 중환자실을 갖춘 308개 의료기관에 자료를 보내 256개 기관으로부터 회신을 받았는데, 그 결과 회생 가능성이 없는 환자 가운데 약 1500명이 인공호흡기를 포함해 연명 장치에 의존한 채 생을 이어가고 있었다.

이들 중 가장 큰 비중을 차지하는 환자군은 말기 암 환자들이다. 그 외에 사회적으로 논쟁거리가 되고 있는 지속적 식물 상태의 환자들도 18.4퍼센트였다. 이 조사는 중환자실에서 인공호흡기에 의존해 생존하는 환자를 주 대상으로 삼았기에, 가정이나 일반 병실에서 연명의료를 받고 있는 이들은 포함되지 않았다. 따라서 이보다 훨씬 더 많은 환자와 보호자가 연명의료 문제로 어려움에 처해 있을 것이라 추정된다.

우리나라의 법체계에 따르면, 임종 과정에서 심폐소생술을 시행하지 않을 경우 의료진이 환자를 소생시키는 데 최선을 다하지 않았다며 법적 문제를 제기할 수 있다. 앞서 언급했듯이 1997년 보라매병원에서 연명의료를 중지한 보호자와 담당 의사에게 실형이 선고된 까닭에 의료 현장에서는 방어 진료를 할 수밖에 없는 현실이다.

6인실의 임종 풍경

예순네 살 된 그가 병원을 찾은 것은 '위암의 간 전이' 때문이었다. 항암제 치료를 했지만 반응이 없었고, 병세는 점점 악화되기만 했다. 황달까지 생긴 그는 6인실에 입원했다. 담즙을 체외로 빼내는 시술을 했고, 옆구리엔 배관을 달았다. 그러고는 얼마 후 복수가 차면서 배가 점점 불러왔고, 더는 음식물을 못 먹게 되었다. 불러오는 배는 통증도 일으켰다. 마약성 진통제가 아니면 버틸 수 없는 상황이었다.

음식물을 섭취하지 못하는 그는 영양제 주사에 의존했다. 마약성 진통제도 점점 더 많은 양을 투여해야만 효과를 냈다. 이런 상태에 접어들자 환자는 근본적으로 치유가 될 게 아니라면 집으로 돌아가고 싶다고 말했다. 반면 가족의 입장은 달랐다. 집에서 간병할 자신이 없어 임종 때까지 병실에 있기로 결정한 것이다.

통증은 강도를 더해갔다. 마약성 진통제에도 종종 반응이 없었고, 고통을 더 극심하게 느끼는 모습이었다. 장이 막힌 것을 풀어주기 위해 코를 통한 관이 삽입되었고, 소변이 제대로 나오지 않아 요관을 넣었다. 이 일은 3주에 걸쳐 이뤄졌고, 임종하기 마지막 48시간 전에는 의식이 사라졌다. 심장이 언제 멎을지 모르는 터라 심장 기능을 추적하는 심전도 모니터를 병상 옆에 설치했는데, 환자의 심장박동 상태를 계속 보여주면서 이따금 경고음을 냈다.

곧 죽음을 맞게 될 것을 알고 자녀와 친지들은 한달음에 달려왔다. 흐느낌과 통곡이 병실을 가득 메웠다. 6인실 병실은 순식간에 초상집이 되었다. 환자는 이따금 괴성을 질렀고, 의식이 없는 상태지만 가끔 몸을 벌떡벌떡 일으켜 세워 가족은 그를 눕히느라 안간힘을 쓰기도 했다. 마지막 임종 순간에 의료진은 심폐소생술을 시도하지 않으면 법적인 문제가 생길지 모른다며 이를 시도했지만, 끝내 회생은 없었다.

죽음에 직면한 환자 몸에 부착된 관은 6개나 되었고, 사망 후 이를 제거하는 데만 30분이 걸렸다. 병실을 함께 썼던 다른 환자들이나 그들의 보호자에겐 그의 임종과 뒤처리 과정을 지켜보는 자체가 충격적인 경험이었다.

선진국에서는 이런 경우 환자를 임종실(1인실)로 옮기고 환자 가족만 지켜보는 가운데 임종을 맞도록 배려하고 있다.

병원 내에 울 공간이 없다

서울대병원 호스피스실 발표회에서 한 봉사자가 발표한 내용이다.

임종을 앞둔 환자분이나 그 환자를 간병하는 보호자들이 가끔 울음을 참지 못하는데…… 병원 안에 '울고 싶을 때 찾아갈 공간'이 없다. 대부분 계단 구석에서 혼자 울고 있는 모습을 접할 때마다 안타까웠다.

선진국의 병원들이 상담실이나 명상실meditation room과 같은 여유 공간을 설치해두고, 종교에 관계없이 환자나 보호자들이 와서 기도하고 울기도 할 수 있는 공간을 제공하는 것과는 너무나 큰 차이다. 국내 대형 병원에는 명상실이 들어갈 만한 공간을 온통 상점들이 차지하고 있어 병원에 온 것인지 백화점에 온 것인지 분간이 안될 정도다. 오늘날 한국의 병원은 과연 누구를 위한 곳일까?

제2장

분쟁 – 존엄사인가, 안락사인가

1

시발점

: 보라매병원 사건 판결

의료계에 뜨거운 논란을 불러일으켰던 1997년 보라매병원 사건은, '퇴원하면 사망할 수 있다'는 의사의 견해에도 불구하고 퇴원을 강행한 환자의 보호자에게는 '살인죄'가, 보호자의 요구에 따라 환자를 퇴원시킨 담당 의사에게는 '살인방조죄'가 적용되면서 최종 판결이 났다. 이는 의료 현장의 실상을 간과한 판결로 여러 문제점이 있었다.

첫째, 환자의 아내가 의료비나 생계비 부담을 느끼지 않았더라도 그런 결정을 내렸을까? 집으로 가면 사망한다는 사실을 알면서도 아내는 왜 그런 결정을 내렸는가를 생각해봐야 한다. 아내 입장에서는 의료비 지원이 전혀 없고, 생계를 도와줄 적절한 사회보장 제도도 없는 터라 회생 가능성이 높지 않은 환자를 감당하기 어려운 비용을 들여 생명을 유지하도록 하기는 힘들다고 판단한 것이다. 우리는 그녀를 비난할 수 있을까? 사회에는 정말 아무런 책임도 없는 걸까?

둘째, 경제적인 이유 등으로 병원에 오지 못하고 집에서 임종하는 환자의 보호자는 '살인죄'를 범하고 있는 것일까? 적극적인 치료를 한다면 생명이 연장될 수 있는데도 불구하고 노력하지 않아 생명을 단축시킨 것은 유죄가 성립된다고 하자. 우리나라는 매년 5만 명의 환자가 집에서 임종하고 있다. 보호자들이 가족을 병원으로 모시고 와서 연명 장치를 사용한다면 수 주 내지 수개월 생명을 연장시킬 수 있는데도 환자의 삶을 단축시킨 셈이다. 이 모두를 살인이라 할 수 있는가?

셋째, 법조계와 의료계의 시각 차이다. 유죄 확정에 결정적인 영향을 미친 것은 '회생 가능성'이 있었다는 의사의 초기 진술이었다. 그러나 1998년 대한의사협회 정책협의회에서 작성한 '보라매병원 사건의 의학적 검토 보고서'의 내용은 좀 다르다.*

보라매병원 담당 의사들은 처음에 회생 가능성이 있다고 했다가 왜 나중에는 없다고 진술했을까? 더욱이 담당 의사들 사이에서 회생 가능성을 둘러싼 의견 충돌은 왜 일어날까? 충수돌기염(급성맹장염)으로 응급 수술을 받아야 할 환자를 돈이 없다는 이유로 의사가 퇴원하게 하여 환자가 사망에 이르렀다면 위의 판결에 이의를 제기할 사람은 없다. 그러나 이 사건은 소생 가능성이 극히 낮은 환자의 생명을 연장시킬 수 있는 인공호흡기를 떼어내 사망 시기를 앞당긴 일을 법원에서 살인으로 판결했다는 것이 의료계의 시각이다.

왜 법조계와 의료계의 시각은 이토록 다를까? 이 문제의 본질은 의료의 패러다임이 바뀌고 있음을 의료 현장에서 종사하는 사람 외에는 이해하지 못하고 있다는 점이다. 가령 폐렴 환자에게 항생제는 필수다. 항생제를 쓰지 않으면 치명적(회생 불가능)이지만, 적절히 사용한다면 환자를 회생시킬 수 있다. 물론 항생제는 부작용을 일으키기도 하지만 이런 경우는 드물다. 달리 표현하면, 항생

- "출혈에 따른 쇼크의 교정을 위해 적혈구 38단위, 신선 동결 혈장 15단위, 혈소판 농축액 15단위 등 총 68단위의 혈액제 수혈을 요했고, 혈압을 측정할 때마다 승압제(에피네프린)를 정맥으로 주사했을 정도로 심한 쇼크 상태였으며, 평균 혈압이 20~30mmHg로 유지된 것이 무려 한 시간이 넘고, 전기 기계적 해리EMD(electromechanical dissociation, 심전도는 나오나 실제로 심장 박동은 느껴지지 않는 현상. 이 환자는 허혈성 쇼크로 심장은 뛰지만 심박출량이 매우 적게 나타남. 사실상의 순환 중지 상태임) 현상도 상당 기간 관찰되었다. 즉 말을 하면 알아듣고 동작을 취한다든지 스스로 눈을 뜨고 있다든지 하는 반응을 보인 적은 한 번도 없었다. 수술로 혈종은 제거되었어도 환자가 회복되지 않는 것은 수술 전 심각한 뇌손상, 수술 중의 쇼크 상태로 인한 불량한 전신 상태나 뇌손상을 생각할 수 있다.
결론적으로, 50세 이상의 고령 환자에게서 수술 중 정상 혈액량의 열 배에 가까운 대량 수혈과 다량의 승압제가 필요했던 극심한 쇼크 및 그 이후 급격히 발생한 급성호흡부전, 급성신부전, 급성간손상, 파종성 혈관 내 응고증, 급성심부전이 있으며, 감염증의 가능성이 있었던 점으로 미루어, 행여 수술 자체가 성공적이었다고 하더라도, 그에 따른 합병증으로 최소한 사망률이 90퍼센트 이상이었던 소위 '회생 가능성이 없는 환자'로 생각된다(이 환자의 중증도는 APACHE II 점수로는 최저 34점에서 최고 39점이며, 사망율은 최소 83퍼센트에서 최대 89퍼센트에 이르고 있다)."

제를 써서 환자에게 끼치는 영향은 99퍼센트 이상의 이득과 1퍼센트에도 못 미치는 손해를 비교해 결정하게 되는 절대적인 의료 행위다. 따라서 이러한 상황에서 의사의 결정과 행동은 '절대적'이고, 무한 책임을 진다. 이 같은 의학적 결정은 '회생 가능' '회생 불가능'으로 이원화시킬 수 있다.

그러나 지금 진료 현장에서 이뤄지고 있는 의학적 결정은 그렇지 못하다. 인위적으로 인체 기능을 조절할 수 있는 연명 도구가 급속히 발달하면서, 회생 가능성 예측이 굉장히 어려워졌다. 법은 회생 가능성이 있었는가, 없었는가 둘 중 하나의 답변을 요구하지만, 진료 현장에서는 회생 가능성의 판단이 100퍼센트와 0퍼센트로 명확히 구분되는 경우는 거의 없고 다만 확률을 예측해볼 수 있을 따름이다.

그들의 죽음은 존엄했는가

: 한국사회의 비극적인 사건들

아버지가 딸의 인공호흡기 전원을 끄다

7년여 간 불치병을 앓는 딸을 간호해오다가 눈덩이처럼 늘어난 빚과 생활고를 견디지 못해 자기 손으로 스무 살의 딸을 숨지게 한 아버지가 구속된 일이 있었다. 그는 용산구 후암동 자신의 집에서 딸의 인공호흡기 전원 케이블을 콘센트에서 뽑았다. 범행 직후 아버지는 119 구조대에 신고해 딸을 인근 병원으로 옮겼지만 생사를 오가던 딸은 며칠 뒤 최종 사망 판정을 받았다.

그녀는 7년 전 경추(목등뼈) 일부가 탈골돼 신경을 눌러 온몸에 마비가 오는 '경추탈골증후군cervical myelopathy'으로 진단되어 치료를 받아왔다. 그러던 중 최근 병원으로부터 '완치가 불가능하다'는 말을 듣고 아버지가 딸을 퇴원시켜 집에서 보살펴오던 터였다. 범행을 저지른 아버지는 "더 이상 버틸 수 없었다. 다른 가족이 너무 불행해진 데다, 끝없는 치료비 때문에 쌓인 빚은 감당할 수 있는 수준을 벗어났다"며 죗값을 치르게 해달라고 말했다.

이 사건은 2003년 서울대병원에서 진료를 받던 환자가 퇴원한 뒤 발생한 것이다. 경제적 어려움으로 인해 가정에서 사용할 인공호흡기를 구입하지 못했던 환자는 의사와 간호사들이 모금해서 호흡기를 마련해주자 퇴원할 수 있었다. 그러나 집에 돌아간 뒤 인공호흡기를 24시간 가동하면서 부딪힌 첫 번째 난관은 매달 수십만 원에 달하는 전기세였다. 이 문제로 가족 간에 갈등의 골은 깊어졌고 결국 불행한 사건이 일어났다. 하지만 이 일이 발생한 지 10여 년이 지난 시점에도 난치병 환자에 대한 간병제도는 바뀐 게 거의 없다.

법원은 딸의 치료비를 마련하기 어려워 호흡기 전원을 뽑아 숨지게 한 아버지에게 징역 2년 6개월에 집행유예 3년을 선고했다. 재판부는 판결문에서 "치료비 마련을 위해 집을 처분하고 가족 수입으로 더 이상 거액의 치료비를 감당하지 못할 상황일 뿐 아니라 피해자 간병을 위해 다른 식구들의 정상적인 가정생활도 어려운 상황이어서 가정불화가 잦아지자 범행한 것으로 보인다"며 그 이유를 밝혔다. 살인죄는 5년 이상의 징역에 처하게 되어 있지만 정상을 참작해 2년 6개월로 선고하고, 집행유예로 풀려나도록 선처한 것이다.

이 사례는 간병 부담이 얼마나 심각한 영향을 미치는지 경각심을 일깨운다. 치료만 하면 생존과 치유가 가능한 질병을 앓는 환자들이 돈이 없어 삶을 포기하는 일이 실제로 일어나는 게 우리 현실이다. 만약 여기에 보라매병원 사건과 같이 법정의 판단이 내려졌다면 어떻게 되었을까. 책임만 따질 게 아니라 제도적인 해결이 선행되어야 할 문제다. 우리나라는 65세 이상 노인에게 '노인장기요양보험' 제도를 통해 간병을 지원하고 있지만, 희귀난치성 질환으로 고통받는 환자에 대한 간병지원 제도는 없다. 2017년 6월 정부가 '치매 국가책임제'를 주요 정책으로 삼아 20~60퍼센트였던 의료비 본인 부담률을 10퍼센트로 낮추고 복지 시설을 늘리겠다고 발표했지만, 간병 지원에 대한 구체적인 안은 아니다.

누나를 친족살인죄로 고소한 동생

보라매병원 사건 이후 의사협회, 병원 등에서 수많은 논의를 거쳐 연명의료 관련 지침을 제정해 공표한 바 있고, 한국보건의료연구원 및 보건복지부에서 합의안을 발표했지만 진료 현장에서는 이것들이 잘 지켜지지 않고 있었다. 이유는 주로 법적 책임 때문이었다. 서울대병원에서 간암으로 사망했던 일흔두 살의 할머니가 그런 예에 속한다.

할머니는 간암 진단이 내려져 7년간 수술과 항암제 치료를 반복해서 받아왔다. 입원치료도 여러 차례 했는데, 마지막 입원은 3월 13일 시작되었다. 여러 가지 치료를 받으며 입원한 지 3개월째. 그

날은 6월 8일이었고, 낮에 할머니는 세 시간쯤 의식이 흐려졌다가 오후 4시경 의식을 되찾았다. 그동안 간병을 해온 가족은 이전에도 간성혼수로 비슷한 경험을 했던 터라 의식을 회복한 모습을 보고는 귀가했다. 그날 저녁 10시, 할머니가 호흡곤란을 호소해 마스크로 산소 공급을 하기 시작했는데, 이튿날 아침 7시 다시 의식이 사라졌다. 이에 당직 의사가 산소 농도를 높였지만 호전되지 않아 가족에게 급히 연락을 취했다.

간병을 주로 담당해오던 딸이 오전 8시 50분 병실에 도착했고, 환자는 자발호흡은 있었지만 저산소증이 계속 악화되어 9시 20분 기관내삽관을 했다. 곧 중환자실로 옮겨져 인공호흡을 시작할 수도 있음을 담당 전공의가 가족에게 설명했다. 기관내삽관은 인공호흡기를 적용하기 위한 사전 조치다. 주 간병인인 딸은 어머니가 연명의료를 원치 않았다는 사실을 이야기하면서 중환자실로 옮기는 데 반대했고 기관내삽관도 제거해줄 것을 요구했다.

7년 넘게 진료해왔던 선택진료의사(전문의)가 병실을 방문해 환자가 그동안 많은 치료를 받아왔지만 더 이상 적극적인 치료에 반응하지 않고 급속도로 악화되는 임종 과정에 진입했음을 설명했고, 환자 입장에서 무엇이 최선인지를 논의한 끝에 인공호흡기를 적용하는 것은 고통만 가중시키리라는 데 가족과 의료진이 의견을 함께했다. 이에 가족 대표와 의료진의 구두 합의로 11시 20분 기관내삽관이 제거되었다. 그 후에도 산소 및 수액은 계속 공급했지만, 1시간 30분이 지난 12시 50분 환자는 사망했다.

문제는 그 후에 불거졌다. 할머니가 사망한 지 한 달 후 그녀의 아들은 기관내삽관을 제거한 담당 전공의와 교수, 누나를 각각 살인죄 및 친족살인죄로 고소했다. 아들은 "당시 어머니의 호흡이 정상으로 돌아오고 있어서 산소 공급 호스를 뽑을 이유가 없었다"며 "진료를 포기하고 호스를 제거한 것은 살인 행위"라고 주장했다. 환자의 아들은 주장의 근거로 보라매병원 사건을 내세웠다. 이후 1년간 의료진은 경찰과 검찰로부터 조사를 여러 차례 받았다. 결국 다른 병원 의료진에게 감정을 의뢰해 환자는 임종 과정에 있었다는 판단이 내려졌다. 또 평소 간병을 하지 않은 것은 물론 문병조차 오지 않았던 아들이 문제를 제기한 배경에는 누나와 재산 상속 다툼이 있었음이 고려되어 의료진과 환자의 딸은 모두 무혐의 처분되었다. 이런 일로 의사들은 점점 방어 진료를 할 수밖에 없는데, 결국 고통을 받는 것은 환자와 그 가족들일 것이다.

중증 장애 아들의 삶을 끝낸 아버지

2007년 8월 9일 중증 장애인 아들이 지속적 식물 상태에 빠지자 인공호흡기를 떼어내 숨지게 한 혐의로 한 아버지가 불구속 입건된 일이 있었다. 가난한 집에서 태어나 중학교까지만 나온 아버지가 돈을 모아 조그마한 건물을 구입했을 즈음 불행은 찾아왔다. 큰아들이 점차 근육이 줄어들어 루게릭병처럼 온몸에 힘이 없어지는 '근이영양증'에 걸린 것이다. 치료약도 없는 병이었다. 이후 아버지는 광주의 장애인학교까지 매일 아들을 태워 등하교를 시켰다. 그러던 중 둘째 아들도 발병을 해 같은 학교로 보냈다. 10년 넘게 그렇게 살아온 아버지는 동네 장애인 학생 두 명도 같이 통학시켜, 둘째 아이의 졸업식 때는 '장한 어버이상'을 받기도 했다.

그러나 두 아들의 상태는 점점 나빠졌다. 그는 아내와 갈등을 빚으면서 2004년에 헤어졌고 아이들 수발을 도맡게 되었다. 80킬로그램이 넘는 아이들을 업어서 화장실 변기에 앉히고 뒤처리까지 했다. 그 자신도 위암 진단을 받아 수술한 몸이었지만, 아이들 때문에 20일 만에 퇴원해야 했다.

2007년 7월 11일, 그는 여느 때처럼 큰아들을 변기에 앉혔다. 그러곤 방에서 TV를 보고 있는데 30분쯤 지났을까, 쿵 소리가 났다. 달려가보니 큰아들이 바닥에 쓰러져 있었다. 병원 응급실에 도착했을 때는 뇌가 손상돼 식물인간 상태라는 진단을 받았다. 곧 중환자실로 옮겨졌고 의사는 의식 회복이 거의 불가능하다는 진단을 내렸다. 날이 지날수록 꼼짝 못하는 아이의 엉덩이에는 욕창이 생겼다.

아버지는 '20년 고생한 아들을 편하게 보내주자'고 마음먹고 병원 측에 치료 중단을 수차례 요구했다. 담당 의사는 안락사를 허용하지 않는 의료 현행법 체계에서 말릴 수밖에 없었다. 아버지는 아들이 회생 불가능하다는 판정을 받은 뒤 의료진에게 몇 번이나 "인공호흡기를 떼어달라"고 말했지만 의료진은 뇌사 판정을 위한 절차를 밟으라며 이에 반대했다. 의료진의 만류를 뿌리치고 아들의 인공호흡기를 떼어낸 그는 아들에게 수동식 호흡기를 부착한 뒤 집으로 데려왔고 아들은 곧바로 숨을 거뒀다. 아버지는 아들이 숨진 뒤 화장을 하려 했지만 서류 미비로 거부되자 인근 경찰 지구대에 변사 신고를 했고, 경찰 조사 과정에서 이 같은 사실이 드러났다.

광주지법 제2형사부는 식물인간 상태에 빠진 아들을 임의로 안락사시킨 혐의(살인)로 기소된 아버지에게 징역 3년에 집행유예 4년을 선고했다. 재판부는 판결문에서 "인간의 생명은 최고의 가치를 가진 법익이고 개인이 임의로 처분할 수 없는 것인데도 인공호흡 장치를 제거, 사망에 이르게 한 책임을 묻지 않을 수 없으나 그 가족이 처한 딱한 사정을 고려해 실형이 아닌 집행유예를 선고한다"고 밝혔다. 살인죄의 최소 형량이 5년인 점을 고려하면 재판부가 특별한 판결을 내린 것이다.

중증 장애인 혹은 치매 노인을 간병하다가 지쳐서 가족이 동반자살을 하거나, 환자의 죽음에 가족이 개입하는 사건이 계속 발생하고 있다. '간병 살인'이라는 신조어가 생겨날 정도다. 간병을 가족에게만 책임지우는 현실과 그 속에서 고통받는 이들의 어려움을 해결해줄 사회제도가 요구되는 이유다.

노부부의 불편한 사별

전북대학교병원 중환자실에서 83세의 할아버지가 70대 부인의 인공호흡기 연결선을 칼로 끊어 사망한 사건이 발생한 적이 있다. 할머니는 폐암을 진단받고 항암제 치료를 반복해서 받던 중 폐렴이 생겼고 심장정지로 이어져 심폐소생술로 회생한 뒤 중환자실에서 인공호흡기에 생명을 의존하고 있었다. 간호사의 신고로 현장에서 경찰에 잡힌 할아버지는 아내가 고통받는 모습을 더 이상 볼 수 없어 퇴원시키려 했지만 병원이 허락지 않아 어쩔 수 없이 저질렀다고 털어놓았다. 사건이 일어난 것은 마침 가정의 달인 5월이었고, 이 사건은 세간의 동정어린 관심을 받으며 잠깐 존엄사 논란을 일으키는 듯 보였다. 매년 수만 명의 불치병 환자가 인공호흡기로 연명하다가 불필요한 심폐소생술까지 받으며 병원에서 임종하는 우리나라 현실을 감안하면, 이런 일은 언제라도 내 이웃이나 가족, 나 자신에게 일어날 수 있지만 금세 관심 밖으로 밀려났다.

1980년대 병원에서 일했던 의사들의 중요한 임무 중 하나는 임종에 임박한 환자를 구급차에 실어 집으로 모셔다드리는 일이었다. 집을 떠나 객사하는 것을 피하는 사회적 분위기 때문이었다. 그러나 사회가 병원에 점점 더 의존하게 됨에 따라 1991년 10퍼센트대에 불과했던 병원에서 임종하는 말기 암 환자 비율이 2010년에는 90퍼센트에 근접했고, 연명 장치가 계속 발전하면서 임종의 의료화 현상도 가속화되고 있다.

현대 의학으로 더는 치료가 불가능하며, 중환자실의 의료 기기로 생명 연장만 가능하다고 할 때 그렇게라도 살겠다고 선뜻 나서는 사람이 몇 명이나 될까. 그러나 진료 현장에서는 의료 분쟁에 휘말리지 않기 위해 상황이 애매할수록 더 많은 검사나 치료를 행하고, 상태가 위중해지면 일단 연명 장치부터 적용하는 것이 관행처럼 되어버렸다. 불확실한 상황에서 이루어지는 의학적 결정에 대해 사회가 의료진을 보호할 제도를 마련하고 있지 못하기 때문이다.

그 결과 리엔재단•이 2010년 발표한 '임종의 질'에 대한 보고서에서 한국은 OECD 국가 중 최하위권을 기록했다. 1등을 차지한 영국에 비해 우리나라가 국민 1인당 CT, MRI 등 고가 의료 장비 보유 대수는 네 배에 달하고, 항암제를 포함한 약은 두 배 이상 쓰고 있다는 것을 고려하면 임종의 질은 의료 수준이나 경제적 요인으로 좌우되는 게 아님을 알 수 있다. 임종의 질을 떨어뜨리는 의료 행위가 이뤄지는 이면에는 투병과 임종 과정에 환자 본인의 뜻이 제대로 반영되지 않는 한국만의 특수한 가족 문화도 있다.

회생 가능성이 없는 불치병이라도 모든 방법을 동원해 부모님의 생명을 연장시키려 노력하는 것이 자식의 도리이고, 임종에 대한 말을 꺼내는 것은 적절치 않다는 사회 통념으로 인해 환자가 임종 시 심폐소생술을 거부하겠다는 사전연명의료의향서를 직접 작성하는 것은 매우 어려운 일이다. 임종을 자연의 한 현상으로

• 리엔재단Lien Foundation은 싱가포르에 본부를 둔 민간단체다. 『이코노미스트』지에 2010년과 2015년에 '죽음의 길' 보고서를 발표했고, 2015년 보고서에선 한국이 18위로 개선되었다고 했으나, 진료 현장에서는 실질적인 변화를 느끼지 못하고 있다.

받아들이고, 신의료기술로 무엇이든 극복할 수 있다는 환상에서 깨어나야 한다.

환자 입장에서 죽음을 바라보기

2009년 연세대학교병원에서 김 할머니 사건을 계기로 존엄사 논란이 뜨거웠다. 그동안 우리 사회가 제대로 관심을 기울이지 못했던 임종 관련 의료 제도는 매우 중요한 사안이다. 이에 관한 의견을 제시해본다.

첫째, 논의 과정에서 혼란을 초래하는 원인의 상당 부분은 용어에서 비롯된다. 말기 암 환자에게 심한 호흡곤란이 있는데도 인공호흡기를 적용하지 않고 사망한 것은 연명의료 유보에 해당된다. 그런데 이에 대해서 어떤 이는 '존엄사'라 하고, 어떤 이는 '소극적 안락사'라고 주장한다. 왜 동일한 의학적 상황을 둘러싸고 다른 용어가 쓰이는 걸까? 여기엔 상황을 기술하는 관점의 차이가 반영되어 있다. '안락사'라는 용어는 의사가 환자의 임종에 개입하는 행위를 법적 관점에서 바라보는 것이다. 반면 '존엄사'는 환자가 존엄하게 임종을 맞이할 권리의 시각에서 접근한다.

둘째, '무의미한 연명의료의 중단'은 연명의료를 거부할 환자의 권리 측면에서 논의하는 것이 필요하며, 심폐소생술금지DNR도 심폐소생술을 거부할 환자의 권리 측면에서 접근하는 것이 적절하다. 이 사안은 사회적으로 커다란 논쟁을 불러일으켰지만, 그 초점이 존엄사인지 안락사인지 하는 죽음의 모습에만 지나치게 집중되었고 환자의 자기결정권이 어떻게 보장되는지에 대한 논의는 소홀히 이뤄졌다. 연명 장치 중단에 관여한 의사를 살인방조죄로 처벌한 보라매병원 사건의 영향으로, 이 논의가 중환자 치료 중 발생할 수 있는 의사들의 책임 문제를 면제하기 위한 것처럼 오해되곤 한다. 하지만 존엄사 논의의 본질은 환자의 자기결정권에 있다.

마지막으로, 풀어나가는 방법에 관한 것이다. 말기 암 환자는 회생 가능성이 없다는 점이 명확하고, 연명 기간도 짧기 때문에 논쟁의 여지가 없다. 반면 회생 가능성이 불분명하고 연명 가능성도 긴 지속적 식물 상태는 굉장히 다양한 의학적 상황을 포괄하고 있어, 이 판결을 보편적으로 적용하게 되면 큰 혼란이 야기될 것이다. 따라서 존엄사 논의 및 제도화를 말기 환자에 국한하여 먼저 적용한 뒤, 다른 질환자에 대한 논의는 단계적으로 밟아나가는 것이 혼란을 최소화하고 사회적 합의를 이끌어낼 수 있는 현실적인 접근법이다.

김 할머니 사건에 대한 대법원의 판결은 다음과 같은 의미를 지닌다. 첫째, 의학적 결정 방식의 변화다. 전통적으로 의학적 결정은 의사가 하고 환자가 동의하는 식으로 이뤄졌지만, 이 판결은 연명 장치를 원하지 않는다는 환자의 자기결정권을 의사의 기술적 판단보다 우선시했다.

둘째, 의료 행위의 결정에 의학적 판단뿐만 아니라 환자의 가치관도 고려하고 있다. 이 사건에서 병원은 의식이 회복될 가능성이 8퍼센트 정도 있기 때문에 연명 장치를 중단할 수 없다고 주장했던 반면, 감정에 참여한 의사는 회생 가능성이 희박하다는 의견을 제시해 기술적 판단이 애매한 상태였다. 기술적 판단이 불확실한 상황에서 법원이 환자가 무의미한 연명의료는 원하지 않았다는 '생명에 관한 가치관'을 최종 판결의 근거로 삼았다는 것은, 선진국들이 사회적 논의를 거쳐 결정한 무의미한 연명의료중단을 우리도 본격적으로 도입하는 단계에 이르렀음을 의미한다.

3
논쟁이 먼저 점화된
서구 사례

해외의 유명한 연명의료결정 사례들은 우리 사회가 직면한 것과
는 내용이 많이 다르다. 그들은 임종기에 다다른 환자들에게 연명
의료 행위를 하는 경우가 드물뿐더러 이를 사회 문제화하지 않기
때문이다. 그들에게 쟁점이 되는 것은 한국에서 흔히 '안락사'로
분류하는 환자들이다. 우리나라의 연명의료중단 사례들은 의료
문제를 법리적 관점에서 '살인인가 아닌가'에 초점을 맞춰 논쟁한
다면, 해외 사례들은 환자의 자기결정권과 더불어 환자에게 어떻
게 하는 것이 최선인가를 의료적 관점에서 논의하는 점이 다르다.

미국을 뒤흔든 샤이보 사건

테리 샤이보Terry Schiavo는 체내 전해질 불균형에 따른 심장마비로 뇌손상을 입어 식물인간이 되었고, 15년 동안 그런 상태로 생명을 유지한 여성 환자다. 오랫동안 병상에 누워 지내던 어느 날 그녀의 남편은 아내가 평소에 생명 유지 장치에 의존해서 살고 싶지 않다고 말했다며 영양공급관을 제거해줄 것을 요구했다. 그러나 그녀의 부모는 이에 반대하고 나서 남편과 친정 부모 사이에 7년 동안 법정 소송이 벌어졌다. 법원은 최종적으로 그녀의 경관 영양 공급을 중단하라고 결정했다.

법원의 최종 판결이 알려지자 미국 사회 전체가 들끓었다. 왜냐하면 과거에 인공호흡기 중단에 대한 법원 판결은 여러 차례 있었지만, 영양 공급 중단을 결정한 것은 처음이었기 때문이다.

이 판결을 둘러싸고 텍사스주의 주지사와 국회의원뿐만 아니라 미국 대통령까지 직접 나서서 인간 생명을 경시한 잘못된 판결이라고 비난했다. 이에 대해 법원은 여러 차례의 재심 후에도 판결을 번복하지 않았고 2005년 3월 24일 최종 판결을 통보했다. 이로써 모든 영양 공급은 중단되었고 이레 뒤인 3월 31일 샤이보는 사망했다.

이 법적 분쟁에서 환자의 남편은 아내가 평소 무의미한 연명의료는 원하지 않았다는 증거 자료를 제출했던 반면, 친정 가족은 환자가 생명 유지를 위해 끝까지 최선을 다하기를 원했다는 증거 자료를 제출했다. 법원은 환자의 남편이 제시한 자료가 신빙성이 더 높다고 판단했다. 결국 환자의 자기결정권을 반영하는 방법으로 남은 가족이 제시한 자료를 활용했고, 이로써 환자의 의사를 추정해 판결을 내렸던 것이다.

대부분의 나라에서 영양 공급은 필수 의료 행위로, 현재 연명의료결정의 대상이 되지 않는다. 한편 이 사건은 영양 공급 중단 역시 연명의료결정의 한 부분임을 시사하고 있다.

고농도의 진정제와 인공호흡기 중단으로 죽은 프랑스의 전직 소방관

한 소방관의 어머니가 의료진의 허락 없이 진정제를 과다 투여해 아들을 안락사시키려다가 실패하자, 담당 의사가 인공호흡기 전원을 꺼 환자를 사망케 한 사건이 2003년 프랑스 사회에서 큰 파장을 일으켰다(그 당시 프랑스에서는 안락사가 법으로 금지되어 있었다).

스물두 살의 젊은 나이로 숨을 거둔 뱅상 욍베르Vincent Humbert 는 지난 3년간 식물인간 상태로 병상에 누워 지냈다. 그는 2000년 9월 당직 근무를 한 뒤 집으로 돌아가다가 교통사고를 당했다. 열아홉 살 때의 일이다. 혼수상태에 빠진 지 9개월 만에 의식을 되찾긴 했지만 이미 전신마비에 청력과 시력까지 잃은 터였다. 그럼에도 불구하고 욍베르는 어머니의 극진한 간호 덕분에 점자를 배울 수 있었고, 유일하게 움직일 수 있는 오른 엄지손가락으로 글자를 하나하나 눌러 자신의 의사를 표현하기 시작했다.

그렇게 삶을 이어갔던 욍베르는 죽기 1년 전 의료진으로부터 더 이상 회복될 가능성이 없다는 진단을 받고 퇴원을 권유받았다. 가족은 실오라기 같은 희망마저 잃은 그가 이때부터 죽음을 생각하기 시작했다고 전한다. 욍베르는 자신이 죽게 허락해달라는 내용의 편지를 시라크 대통령에게 보냈다. 대통령은 이 편지에 깊이 감동했고 여론도 그를 주목하기 시작했다. 그렇지만 앞서 말했듯이 프랑스 법은 안락사를 허용하지 않았다. 견디다 못한 그는 결국 어머니에게 마지막 도움을 청했다.

욍베르가 사고를 당한 지 만 3년째 되던 날, 그의 어머니는 아들의 안락사를 시도했지만 그는 사망하지 않고 혼수상태에 빠졌다. 그러자 그동안 동정심을 보이며 이 과정에 협력해왔던 담당 의사가 인공호흡기 전원을 꺼 욍베르는 결국 사망했다. 진정제를 투여한 지 이틀 만에 숨을 거둔 것이다. 그가 병상에서 남긴 마지막 말들은 한 권의 책으로 묶여『나는 죽을 권리를 소망한다』로 출간되었다.

이후에도 프랑스에서는 유사한 사건들이 되풀이하여 발생했다. 마침내 2016년에 프랑스는 회생 가능성이 없는 환자에 대해 의료진이 진정제를 고농도로 투약해 사망에 이르게 하는 행위를 합법화시켰다.

한 재미교포의 '존엄사' 논쟁

국내에는 제대로 알려지지 않았지만 미국 언론에서는 '존엄하게 죽기를 원하는 딸, 연명의료를 고집하는 가족과 충돌Right to die against her family's wish to keep her alive'이라는 제목으로 크게 다루었던 사건을 소개한다.

열 살 때 부모님을 따라 미국으로 이민 가 대학 교육을 받고 은행에서 일하던 이씨(당시 28세)는 뉴욕 마라톤 대회에 참가하기 위해 달리기 훈련을 받던 중 쓰러졌다. 2011년 11월 MRI 촬영 결과 뇌간에 발생한 뇌종양glioblastoma, brainstem으로 진단됐지만 수술은 하지 못하고 방사선 치료와 항암제 치료를 받았다.

이후 2012년 7월, 그녀의 상태는 급격히 악화되기 시작했다. 전신 마비가 일어나 스스로 식사를 할 수 없었기에 관을 통해 영양을 공급하기 시작했다. 9월 3일엔 경련이 일어나 노스쇼어 병원에 입원했고 인공호흡기를 달았다.

그러나 당시 의식이 명료했던 환자는 의료진에게 인공호흡기를 제거해달라고 요청하면서 변호사를 통해 관련 서식을 작성했고, 9월 24일 병원은 인공호흡기를 떼기로 결정했다. 반면 환자의 부모는 인공호흡기 제거에 반대하고 나서 병원은 법원에 최종 결정을 요청하게 되었다.

9월 28일 법원이 환자 본인의 결정을 존중한다는 판결을 내리자 병원은 10월 1일 인공호흡기를 제거할 계획이었다. 그렇지만 가족은 판결에 굴하지 않고 교회 및 인터넷 등을 통해 반대운동을 펼쳤으며, 미국의 주요 언론을 통해 이 사건이 보도되기 시작했다. 상황이 복잡해지자 10월 5일 환자 자신이 변호사를 통해 인공호흡기 제거 의사를 철회한다고 발표했다. 11월 21일 환자 가족은 집에 인공호흡기를 설치하고 환자를 집으로 옮겼다. 집에서 인공호흡기를 관리하는 것이 쉽지 않아 많은 문제가 있었지만, 2013년 2월 10일까지 연명의료를 하다가 사망했다.

이 사건에 대해 성인(18세 이상)에게 '자기결정권'이 있다고 여기는 미국 언론은 부모의 개입이 정당한가에 초점을 맞춰 보도한 반면, 미주판 한국 신문들은 '환자를 떠나보낼 마음의 준비를 할 시간을 주었다gave us time to get ready'는 내용의 가족 인터뷰를 소개했다.

찰리 가드를 둘러싼 아동의 자기결정권 논쟁

2017년 연명의료 결정에 대한 논쟁 중 가장 관심을 끈 것은 영국의 찰리 가드Charlie Gard 사건이다. 우리나라에서는 언론에 짧게 소개되는 정도에 그쳤지만, 11개월의 짧은 생을 살고 간 찰리 가드는 7월 28일 그의 생명 연장 장치가 꺼질 때까지 끊임없는 사회적 논쟁을 불러일으키며 영국 언론의 중심에 있었다.

찰리 가드는 태어난 지 8주차에 미토콘드리아결핍증후군MDS이라는 희귀병 진단을 받고 런던의 대표적인 아동 전문 병원인 그레이트오스먼드스트리트 병원Great Ormond Street Hospital, GOSH의 중환자실에 입원해 있었다. 이 병원에서 찰리를 치료해오던 의료진이 그가 회생 불가능한 마지막 단계에 도달했다고 판단하여 연명의료를 중단하기로 결정한 후 찰리의 부모가 이에 반대하는 법적 절차를 거치면서 사건은 시작되었다.

찰리 가드의 부모는 병원이 자신들의 아이를 끝까지 치료하지 않고 죽게 하려 한다며 SNS와 언론에 도움을 청했다. 그들이 올린 아기 사진과 사연, 어렵게 투병하고 있는 가엾은 아기의 모습은 많은 사람의 마음을 움직였다. 전 세계인이 관심을 갖고 찰리의 부모를 응원했으며 Charlie's Army라는 페이스북 그룹까지 만들어졌다. 미국에서 실험적인 유전자 치료를 하고 있는 한 의사가 찰리를 치료해보겠다고 하자 영국에서는 대대적인 모금운동이 일어나 약 19억 원에 달하는 돈이 모였다.

그렇지만 영국 법원은 연명의료를 중단하라는 판결을 내렸고, 유럽인권재판소European Courts of Human Rights의 결정도 마찬가지였다. 부모가 아이를 계속 치료하길 원했고, 미국 병원에 이를 담당하겠다는 의료진도 있었으며, 비용을 지불할 충분한 돈도 모금되었다. 영국 법원이 부모의 권리를 빼앗았다고 하는 사회적 비난이 빗발쳤고 시위도 일어났다. 많은 유명 인사와 교황, 트럼프 대통령까지 찰리에게 기회를 줄 것을 희망하는 발언을 하기에 이르렀다. 하지만 4월 11일 1심 법원의 판결 이후, 2심 그리고 6월 8일 최고 법원의 판결에서도 영국 법원은 병원 의료진의 판단에 손을 들어주었다. 어찌할 도리가 없어진 찰리의 부모는 아기를 데려가 집에서 최후를 맞게 해달라고 요청했다. 그러나 판사는 찰리를 호스피스로 옮긴 후 생명 연장 장치를 제거하도록 했다. 그러자 부모의 마지막 호소까지 거부한 의료진과 법원을 향해 다시 한번 비난의 여론이 들끓었다.

그렇다면 왜 병원과 법원은 이런 비정한 일을 완강하게 끝까지 밀어붙였을까? 이 사건에서 우리는 자신의 권리를 말할 수 없는 '아동'이라는 존재를 생각해봐야 한다. 영미법계에서는 '아동의 최선의 이익Best Interests of the Child' 원칙에 의거해 국가가 아동에 대한 부모의 친권에 직접적으로 개입한다. 이 사건은 부모의 입장이 아기의 최선의 이익을 제대로 반영하지 못했다고 판단한 의료진과 부모 사이의 분쟁이었다. 법원은 의료진의 주장이 아기 입장에서는 최선이라고 판단한 것이다. 병원이 찰리의 연명의료중단을 결정했을 때 아기의 뇌, 근육, 호흡 능력과 심장, 간, 콩팥 등의 장기는 모두 심각하게 훼손되어 있었다. 근육 약화가 진행되어 팔다리를 움직일 수 없고 자발호흡을 할 수 없는 상태였다. 또한 영국 최고 의료진을 동원하고 최첨단 의료 장비를 통해 치료를 집중적으로 해왔는데도 회생 불가능했다는 것이 재판 과정에서 확인되었다. 유전자치료가 가능할지 모른다고 주장한 미국 의사는 영국을 방문해 찰리가 실험 단계에 있는 치료법을 적용받기에 적합한 상태가 아님을 재판에서 인정했다. 이러한 절차를 통해 찰리를 위한 최선의 선택이 무엇인지가 결정되었다. 아기를 집으로 데려가 인공호흡기를 제거하게 해달라는 부모의 요구를 수용하지 않은 것도 인공호흡기를 제거하는 과정에서 아기가 심한 고통을 당할 수 있으므로, 병원에서 호스피스로 옮겨 전문 의료인이 제거하는 것이 아기를 위한 최선이라고 보았기 때문이다.

영국 법원의 결정에 심정적으로 동의하지 못하는 사람들이 여전히 많다. 자신의 주장을 말할 수 있는 부모가 아니라, 자신의 고통을 말할 수 없는 환자인 아기를 위해 영국 의료진과 법정이 끝까지 싸워줬다고 생각한다. 우리나라의 연명의료결정법에서는 미성년자인 환자는 법정대리인(친권자)의 의사 표시를 의료진이 확인하여 결정하게 하고 있다. 한국에서 이런 사건이 발생했다면, 의료진은 어떻게 반응하고 법원은 어떤 판결을 내렸을까?

4

의료집착

회생 가능성이 없어 임종을 앞둔 환자나 보호자가 할 수 있는 의료 선택은 크게 두 가지다. 첫째, 생명이 붙어 있는 기간을 연장하는 데 중점을 두고 가능한 연명의료를 모두 시행하는 '의료집착적 행위'다. 많은 경우 환자가 회복할 수 있기를 막연히 기대하면서 이쪽을 선택한다. 둘째, 삶의 기간보다 질에 중점을 두고 가능한 한 편안하게 지낼 수 있는 방법을 찾는 '완화의료'다. 의료진은 기본적으로 환자의 생명을 연장하는 것을 최우선으로 한다. 이러한 병원 시스템 속에서는 현대 의학으로 치료 불가능한 환자뿐 아니라 고령으로 자연사를 앞두고 있는 노인에게도 모든 의학적 방법을 동원해 생명 연장을 시도하는 것이 당연하게 여겨지고 있다.

그렇지만 임종 과정에서 일어나는 호흡곤란에 인공호흡기를 적용하고, 신장 기능이 떨어지면 혈액투석을 해 절대적인 생존 기간을 늘리는 것이 환자에게 '의미 있는 삶'을 주지 못할뿐더러 결과적으로 임종 단계의 '고통받는 기간'만 연장했다면 과연 윤리적으로 옳은 일일까?

해보지도 않고……

대학병원 외래는 항상 많은 환자로 붐빈다. '3분 진료'라는 말이 나올 정도로 환자에게 필수적인 진단과 처방 외의 상담을 하는 것은 쉽지 않다. 그중에서도 가장 어려운 일은 오랫동안 진료해온 환자에게 더 이상 항암 치료에 반응하지 않고 악화되는 말기로 접어들었다고 통보하는 것이다. 절망하고 당황한 환자와 가족은 이런 현실을 받아들이지 못한 채 질문을 쏟아내지만 충분한 설명을 하기에는 항상 시간이 부족하다.

1990년대 초반 말기로 접어든 환자와 가족들을 모아 상담하는 시간을 가졌더니 도움이 된다고 해서 매주 화요일 오후 3~5시 정기적인 모임을 갖게 되었다. 이것은 나중에 호스피스에 관심 있는 의료진과 사회복지팀 등이 환자 상담을 하는 '등불'이란 봉사 모임으로 자리잡았다.

어느 날 '등불' 모임에 70세 폐암 환자의 아내인 할머니와 자녀들이 참석했다. 30분에 걸쳐 말기 암에 대해 설명하고 호스피스를 안내한 뒤 질의응답 시간이 되자 격앙된 표정의 할머니가 말문을 열었다.

"현대 의학이 발달해 폐 이식도 한다는 이야기를 들었습니다. 폐가 두 개이니 암이 있는 폐를 다 잘라내고 내 폐로 이식하면 될 텐데 해보지도 않고 죽기를 기다리라는 말만 합니까?"

"폐 이식 수술을 시도하는 것은 기술적으로 충분히 가능합니다. 그렇지만 할아버지의 폐암은 이식을 해도 금방 재발하기 때문에 수술 합병증으로 고생만 하시고, 오히려 더 일찍 돌아가실 수도 있습니다"라고 되풀이해 설명해도 할머니는 "해보지도 않고⋯⋯"하시며 눈물까지 글썽이셨다. 방송 매체에 넘쳐나는 의료 뉴스와 광고를 보면 현대 의학기술이 못 고치는 병은 없을 것 같은데, 서울에 있는 큰 대학병원에서 할아버지의 병을 치료할 수 없다고 하니 할머니는 현실을 받아들일 수 없었던 것이다.

의료진이 "병원에서 치료를 더 진행하는 것은 환자에게 고통과 해를 더할 뿐 도움이 되지 않아요. 이제부터는 병의 치료보다 환자를 편안하게 해주는 것이 더 중요합니다"라고 말하면 할머니처럼 받아들이지 못하는 보호자가 많다. 환자를 위한 치료 중지인데, 의사가 최선을 다하지 않고 포기하려 한다며 원망하는 것이다. 그 마음을 이해 못 하는 바는 아니나 시도할 수 있는 의료 행위를 다 해보는 것이 꼭 환자를 위한 최선은 아니다.

로봇처럼 고장 난 장기는 교체하면 된다고 할 정도로 의료기술이 과거에 비해 엄청나게 발전한 것은 사실이다. 그러나 의학이 아무리 발전한다고 해도 한계는 존재하며, 삶은 길고 짧은 것의 차이만 있을 뿐 인간은 모두 병에 걸리고 마침내 죽는다. 다른 나라에 비해 의료 수준과 병원 접근성이 높은 우리나라 의료 환경에 대한 지나친 기대가 이런 의료집착적 문화를 더 키우는 것일 수도 있다.

반드시 좋아질 거라고 확신하는 말기 암 환자

예순한 살의 남자 환자가 복부팽만감을 심하게 호소하며 응급실에 도착했다. 충북지역 병원에 입원해 간암이 의심된다는 진단을 받았지만, 점점 악화되자 수도권 대형 병원 응급실로 온 것이다. 컴퓨터 단층CT 촬영 등의 추가적인 검사를 받고 간암으로 확진됐지만 암이 광범위하게 퍼져 수술이나 색전술, 항암제 치료는 불가능한 상태였다. 황달 수치는 8.6에서 시작해 37.6까지 상승했는데, 이는 암이 간 전체를 침범해 정상적으로 기능하는 간세포가 거의 남아 있지 않다는 뜻이었다.

그는 간 기능이 떨어지면서 복수가 심하게 차 복부팽만감으로 제대로 누워 있거나 잠자기도 불편한 상태였다. 복수를 매일 3000~4000cc 뽑았지만 곧 다시 차서 다음 날 또 뽑지 않을 수 없었다.

입원 후 3주가 지나도 호전을 보이지 않자 의료진은 환자 및 가족에게 암을 근원적으로 치료할 가능성이 없다는 점을 설명했다. 즉, 말기 상태임을 통보한 것이다. 그 과정에서 임종에 임박하면 연명의료를 할 것인지 의견을 물었다. 그런데 환자와 가족은 의료진의 의견을 들으려 하지 않았다. 어떤 이유에서인지 환자는 반드시 좋아질 거라면서 모든 연명의료 조치를 다 취해줄 것을 강력히 요청했다.

입원 후 4주차부터는 소변이 전혀 나오지 않았다. 이는 간 기능이 저하되면 흔히 나타나는 증상이다. 담당 의사는 간 기능이 좋아지지 않으면 혈액투석을 해도 신장 기능이 돌아오지 않기 때문에 혈액투석에 반대한다는 의견을 환자와 가족에게 전했지만, 이들은 여전히 혈액투석을 원했다.

면역 기능이 떨어지면서 환자가 여러 종류의 세균에 감염돼 열이 나자 의료진은 항생제를 여러 가지 투약했고, 혈압이 유지되지 않아 혈압을 높이는 승압제까지 사용했지만 전신 상태는 점점 나빠졌다. 곧 의식이 사라졌고 입원한 지 45일째 되는 날 심정지가 발생했다. 의료진은 30분간 심폐소생술을 시행했지만 심장박동은 돌아오지 않아 사망 상태임을 확인하고 시신을 영안실로 옮겼다.

중환자실에 가서 인공호흡기를 적용한 이후에는 환자와 가족 간에 대화를 할 수 없었다. 장례식을 마친 뒤 환자 가족은 "이렇게 허무하게 돌아가실 줄 몰랐습니다. 중환자실로 가기 전에 가족이 모여 그동안 못 했던 이야기를 나누지 못한 게 후회돼요"라고 말했다.

젊거나 평소에 건강했던 환자일수록 본인도 가족도 말기 암에서 회복되는 기적이 일어나리라는 믿음을 붙잡는다. 죽음을 받아들이는 과정을 부정-분노-타협-우울-수용의 5단계로 나눈다면, 첫 번째 과정인 '부정(현실을 받아들이지 못하는 단계)'에서 사망하는 환자가 적지 않은 게 현실이다.

임종이 임박해 응급실에 온 식도암 환자

여든네 살의 할아버지는 1년 전 식도암이 간에 전이되어 방사선 치료를 받고 집에서 요양 중이었다. 그러던 중 두 달 전부터 호흡곤란이 심해져 가족은 임종이 임박했다고 판단해 대학병원 응급실을 방문했다. 검진 결과 호흡곤란의 원인으로 심낭에 물이 고인 것이 의심되어 중환자실로 입원할 것을 권유했다. 보호자들은 심낭에 물이 고인 것이 조절되면, 근본적인 치료는 아니더라도 일시적으로 호전될 수 있다는 담당 의사의 설명을 듣고 입원에 동의했다.

하지만 관을 통해 심낭 삼출액을 제거하려는 시도가 여의치 않자 수술에 들어갔고, 결과는 좋지 못했다. 호흡곤란이 여전해 결국 인공호흡기를 설치할 수밖에 없었다. 이후 소변이 나오지 않아 혈액투석을 했고, 잇달아 기관지절개 등의 시술을 받았다. 매일 평균 15종류의 약제가 투여됐고 많은 검사를 받게 되었지만 환자는 35일 만에 사망하고 말았다.

그에게 마지막 35일은 어떤 의미를 지닐까? 행여 무의미한 삶의 연장은 아니었을까? 그 의미에 대해서는 신중히 생각해봐야 할 것이다. 그렇다면 응급실 담당 의사나 중환자실 담당 의사는 왜 치료를 중단하지 못했을까? 아마도 가능한 모든 치료법을 동원하는 것이 의사의 의무라는 생각과 함께, '호전 가능성'을 포기하면 법적인 제재를 받을지 모른다는 압박감을 느꼈을 것이다.

1998년 보라매병원 사건 1심 판결 직후 정부가 '회생 불가능한 환자일지라도 사망의 순간까지 생명연장장치를 환자에게서 떼어낼 수 없다'는 고시를 의료 현장에 내보낸 적이 있다. 그 결과 몇 주 만에 각 병원의 중환자실은 퇴원하지 못한 말기 암 환자들로 마비가 되었다. 세계 어느 나라에서나 회생 가능성이 희박한 환자들은 인공호흡기를 하지 않는 것이 보편화되어 있다. 따라서 이런 판결은 '고통받는 기간'만 늘리는 연명의료를 받도록 할 위험을 지닌다.

회생 가능성에 대한 의료진의 판단이 충돌한다면?
: 스물네 살 백혈병 환자의 경우

스물네 살의 젊은이는 의식이 혼미한 상태로 응급실에 도착했다. 그는 4년 전인 스무 살 때 군 복무 중 만성골수성백혈병을 진단받고 항암제(글리벡)를 복용한 뒤 호전된 터였다. 3년 동안 항암제를 복용하고 완전관해complete remission로 판정되었지만 의료진은 투약을 중단하면 재발할 위험이 높기 때문에 그에게 계속 항암제를 복용할 것을 권했다. 하지만 별 불편함을 느끼지 못한 그는 투약을 중단했고, 병원에는 발길을 끊었다.

그런데 응급실에 오기 2주 전, 갑자기 두통이 시작됐다. 응급실에 온 날 아침에는 구토를 했고, 두통은 견디기 힘들 정도였다. 검사 결과 백혈병이 재발한 것으로 나왔다. 두통은 바로 백혈병으로 인해 발생한 뇌출혈에서 비롯되었던 것이다.

응급 수술이 두 차례 이뤄졌다. 하지만 의식은 돌아오지 않았다. 인공호흡기에 의존한 지 2주째. 그는 여전히 혼수상태였다. 가족들은 아들이 살아나지 못할 거라면 인공호흡기를 떼고 편안한 죽음을 맞게 해달라고 요구했다.

한편 혈액내과 의료진의 판단은 유보적이었다. 그들이 보기에 병의 악화는 환자가 항암제 투여를 중단한 데서 비롯되었다. 항암제를 다시 투여하니 피검사 소견이 호전되었고, 이에 의료진은 회생 가능성이 있다며 좀더 지켜보자고 했다. 반면 신경과 전문의들은 뇌사 상태는 아니지만 심한 뇌출혈 때문에 회복 가능성이 희박하다고 가족에게 설명했다.

환자는 평소 연명의료에 대한 의사를 문서로 작성해둔 게 없었다. 더욱이 혼수상태라서 그의 의사를 확인할 수도 없었다. 부모는 아들이 중환자실에서 죽음을 맞이하는 걸 원치 않았고, 임종실로 옮겨 가족이 지켜보는 가운데 인공호흡기를 떼고 편안히 최후를 맞게 해달라고 강력히 요구했다.

이 사안은 결국 의료기관 윤리위원회 자문을 거치게 되었다. 판단 결과 회생 가능성에 대한 의료진 사이의 의견 불일치로 인공호흡기 중단은 불가능하다는 회신이 왔다. 결국 환자는 중환자실에서 인공호흡기 등에 21일을 더 의존하다가 사망했다.

연명의료결정과 관련한 '죽음'에 대한 용어 정리

- 안락사 euthanasia

안락사란 희랍어의 eu(아름답게, 행복하게)와 thanatos(죽음)라는 말에서 유래해 '아름답고 존엄한 죽음' '행복하고 품위 있는 죽음' '고통이 없는 빠른 죽음' '잠자는 것과 같은 평화로운 죽음' '가벼운 죽음' '깨끗한 죽음' 등의 뜻을 내포한다. 이 용어는 의사가 환자의 임종에 개입하는 행위를 법적인 관점에서 바라보고 있다. 또 의료 행위 관점에서 수행하는 사람의 행위에 따라 다음과 같이 구분되기도 한다.

① 적극적 안락사 active euthanasia, mercy killing

행위자가 어떤 생명 주체의 생명을 단축시킬 것을 처음부터 목적하여 이뤄지는 것을 말하며 작위적 '안락사'라고도 한다(이를테면 공기를 주입해 공기색전을 야기시켜 사망하게 한다).

② 소극적 안락사 passive euthanasia, mercy dying

의사가 연명시술을 했더라면 연명이 가능했겠지만 하지 않아 부작위不作爲 사망한 경우. 무의미한 연명의료 유보도 소극적 안락사로 오해할 수 있다. 연명의료 유보는 의사가 말기 환자에게 아무런 의료 행위도 하지 않겠다는 것이 아니고, 회생 가능성이 없는 환자가 심폐소생술, 인공호흡기 적용 거부 의사를 밝힐 때, 이에 따라 연명의료 행위를 하지 않는 것이다. 따라서 이것은 '안락사'가 아니므로 소극적 안락사라는 용어를 쓰는 것은 더 이상 추천되지 않는다.

③의사조력자살physician-assisted suicide, PAS

자살에 필요한 약제(치사량의 수면제 등)나 정보 등을 의사가 환자에게 제공하는 행위.

현재는 다음의 두 상황에 한정해 '안락사'라는 용어가 사용된다. 첫째, 의사의 적극적인 행위를 통해 환자가 사망에 이른 경우(독극물 주입 등), 둘째, 환자가 자살하는 과정을 의사가 돕는 행위(의사조력자살).

- 자연사Natural Death

미국 캘리포니아주는 불치병 환자가 연명의료를 거부할 권리를 명시한 자연사법을 1976년에 입법했다. 이후 미국의 모든 주에서 동일한 법이 통과되어 연방법과 같은 효력을 지닌다. 이 논의의 출발점은 무의미한 연명의료를 거부할 환자의 자기결정권에 관한 것이다. 타이완 역시 2000년에 자연사법이라는 이름으로 입법하여 시행하고 있다. 한국에서 우려되는 점은 회생 가능한 환자가 가정에서 악화될 때, 병원으로 모시고 와서 의학적 판단을 받지 않은 채 집에서 임종하는 것을 자연사로 잘못 해석하게 될 경우다.

- 존엄사Death with Dignity

존엄사라는 용어는 미국 오리건주에서 1997년에 제정한 존엄사법으로부터 유래한다. 그 안에 의사조력자살이 포함되어 있기 때문에, 이 용어가 보편화되면 안락사까지 포괄하는 입법이 되지 않을까 우려하는 측면이 있다. 한편 이 용어에 찬성하는 입장은 '존엄하게 임종을 맞이할 환자의 권리'라는 시각에서 접근한다. 일본은 미국 법에서 규정한 '자연사'에 해당되는 부분을 '존엄사'로 번역해서 논의하고 있다. 어떤 죽음이 존엄한 것인지에 대해서는 문화나 사회마다 다른 입장을 보일 수 있다. 한국은 그 문화에 맞는 사회적 합의를 도출할 수 있다면, 이 용어가 갖는 근원적 의미를 살릴 수 있을 것이다.

- 존엄사와 소극적 안락사의 차이

두 죽음의 공통된 점은 첫째, 회생 가능성이 없는 환자를 대상으로 한다는 것이다. 둘째, 무의미한 연명의료는 하지 않겠다는 것이다. 반면 차이점도 있는데, 이것은 동일한 의료 상황인데도 보는 관점에 따라 다르게 기술될 수 있다. 첫째, 존엄사는 환자의 생명에 대한 가치관을 반영해 연명의료를 하지 않는 것을 말한다. 둘째, 소극적 안락사는 연명의료를 했더라면 생존 기간을 연장할 수 있었는데도 이를 하지 않음으로써 사망한 경우, 의사의 행위(부작위)의 관점에서 판단하고 있다. 한 예로 인공호흡기를 적용하면 수 주간 생명이 연장될 수 있는데도 환자의 뜻에 따라 무의미한 연명의료가 이뤄지지 않았다면 이는 '존엄사'에 해당된다. 그런데 동일한 상황에 대하여 의사가 연명의료를 하지 않았기 때문에 환자를 사망에 이르게 한 것이라고 논의한다면, 의사 입장에서는 '소극적 안락사'에 해당되는 의료 행위를 했다고 해석될 수 있다. 따라서 두 용어는 기본적으로 동일한 사안을 기술하고 있지만 오해를 불러일으킨다. 그런 까닭에 이제 더 이상 '소극적 안락사'라는 용어는 쓰지 않도록 권해지고 있다. 그 근거는 다음과 같다.

1980년 5월 로마 교황청은 Declaration of Euthanasia에서 안락사는 반대하나, 무의미한 연명의료중단은 허용한다고 선언했다. 즉, 무의미한 연명의료의 중단을 안락사로 표현하는 것을 반대하고 있다. 안락사는 다음의 두 경우에만 한정된다. 첫째, 의사가 극약을 직접 주사해 환자를 사망에 이르게 한 경우. 둘째, 환자가 극약 주사로 자살하는 과정을 의사가 돕는 행위(의사조력자살). 이후 제정된 법률이나 지침에도 이 원칙이 반영되고 있다. 다른 종교 단체 역시 이와 동일한 입장을 취하고 있다.

따라서 '무의미한 연명의료를 거부할 수 있는 환자의 권리'로 용어가 재정립될 필요가 있다. 정리하자면 존엄사, 안락사, 자연사 등의 용어에는 '죽음'을 어떤 시각에서 바라보는가의 관점이 반영되어 있다. 미국에서는 개별 주 단위로 1970년대 후반부터 입법하는 과정에서 자연사법, 존엄사법 등의 용어를 썼다. 이후 1990년 미국 연방법은 '(환자의) 자기결정권법Patient Self-Determination Act'으로 통일하고 있다. 이 논의의 본질은 임종에 임박한 말기 환자가 무의미한 연명의료를 원하지 않는다면, 환자가 거부할 수 있다는 자기결정권에 대한 것이다. '무의미한 연명의료의 중단'이라는 용어는 의사의 관점을 주로 담고 있다면, 거부할 권리는 환자의 관점을 담고 있다는 점이 다르다.

5

연명의료결정

급성질환으로 갑자기 생명을 위협받는 상황에서 심폐소생술, 인공호흡기 등은 생명을 살리고 연장한다. 따라서 '치료(병이나 상처 따위를 잘 다스려 낫게 함)'라는 표현이 적절하고, 이러한 연명치료는 중단되어서는 안 된다. 한편 말기 암 환자에게 심폐소생술을 하면 회생되지도 않을뿐더러 갈비뼈 골절 등 불필요한 고통을 유발하고 임종 과정만 연장하게 된다. 따라서 이런 심폐소생술은 치료가 아니라 '의료'로 번역되며, 환자 입장에서 필요할지를 고려해 시행 여부를 결정하는 것이 바람직하다.

life-sustaining treatment는 '연명의료'로 번역되는 것이 적절하다. 왜냐하면 '연명의료'란 환자에게 이득을 줄 수도 있고 해를 끼칠 수도 있는 가치중립적인 단어인 반면, '연명치료'란 의료인이라면 반드시 노력해야 하는 덕목이기 때문이다.

'치료 중단'을 윤리적으로 받아들이지 못하는 것은 당연하다. 수식어로 '무의미한'을 추가해도 여전히 마음은 편치 못하다. 이와 달리 '무의미한 연명의료'는 환자가 거부할 수 있거나 의료진이 하지 않을 수 있다고 정리되면, 혼선을 줄여줄 것으로 여겨진다.

중단 vs. 유보

'치료 중단withdraw'이라는 표현은 이미 시행 중인 인공호흡기와 같은 연명의료를 중단/중지하는 것이다. 대부분의 연명의료 관련 사건(보라매 사건, 김 할머니 사건 등)에서 법적 문제가 발생한 것도 이미 적용된 연명 장치의 중단과 관련 있다. 한편 중증 환자를 병원으로 모셔오지 않고 집에서 간병하다가 사망하거나 병원에 입원해 있던 중 호흡곤란이 악화되는 환자에게 인공호흡기를 적용하지 않기로 결정하는 경우는 윤리적으로 정당화될 수 있을까? 즉, 임종이 임박한 상황에서 연명의료를 했더라면 생명이 연장됐을 텐데 이를 하지 않았다면 문제가 없는 것일까?

후자의 경우를 '연명의료 유보withhold'라고 하는데, 대표적인 예가 김수환 추기경의 임종이다. 인공호흡기를 적용했더라면 수일에서 수개월 생명 연장이 가능했음에도 본인이 원하지 않았기 때문에 하지 않았다. 대부분의 나라와 문화권에서는 '연명의료중단'과 '연명의료 유보'에 동일한 기준(윤리적 및 법적)을 적용하고 있다. 왜

예시

	김수환 추기경(유보)	김 할머니(중단)
죽음에 대한 가치관	"의미 없는 생명 연장을 위한 어떤 조치도 하지 말아달라" "인공호흡기는 절대 안 된다"	"내가 병원에서 안 좋은 일이 생겼을 때 호흡기는 끼우지 말라"고 말하는 등 연명의료를 바라지 않는다는 명시적인 의사를 표명
사전연명의료 의향서 작성	하지 않음	하지 않음
대리인 역할	정진석 추기경 (의사가 교구청에 연명의료결정에 대해 공증해달라고 요구했고, 정진석 추기경이 '어떤 일이 일어나도 책임은 내가 지겠다'고 나섬)	4명의 자녀가 공동으로 문제 제기
실제 상황	임종 과정에서 인공호흡기를 적용하지 않음	1) 의사의 결정에 따라 인공호흡기 적용 2) 2008년 2월부터 14개월간 중환자실에서 연명

김수환 추기경에게 인공호흡기를 적용하지 않은 상황과의 비교

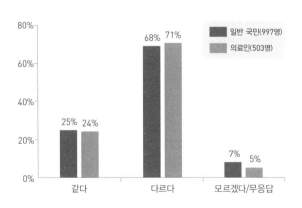

연명치료의 유보와 중단은 동일한가

냐하면 환자 입장에서 최선의 선택을 한다는 원칙만 지킨다면, 의사결정 시기나 절차는 문제된다고 보지 않기 때문이다. 그런데 이

스라엘(유대교)에서는 연명의료 유보는 합법인 반면 연명의료중단은 불법이다. 한국 역시 연명의료중단은 잘 받아들이지 못하지만 연명의료 유보는 사회적으로 문제된 예가 거의 없다.

한국보건의료연구원이 2009년에 조사한 결과에 따르면 일반 국민 중 68퍼센트, 의료인 중 71퍼센트가 연명의료중단과 유보는 윤리적·법적으로 동일하지 않다고 답하고 있다. 문화나 사회적 요인이 큰 영향을 미침을 보여주는 것이다.

한국의 연명의료결정법에선 '연명의료를 시행하지 아니하거나 중단하기로 하는 결정'이라고 정의하고 있다. 중단과 유보를 모두 포함하고 있지만, 실제 법은 중단과 관련된 절차를 주로 염두에 두고 제정되었다.

제3장

나의 죽음은 내가 결정한다

: 자기결정권을 어떻게 반영할 것인가

의료 분야에서 자기결정권은 항상 정당화될 수 있는 것이 아니다. 자기 몸이라 해도 자살을 정당화할 수 없는 것은 생명권 역시 소중하기 때문이다. 연명의료에서 자기결정권을 인정하는 이유는, 이 경우만큼은 의료 기술적인 판단보다 환자의 가치관이 더 중요하다고 여겨지는 상황이 있기 때문이다. 이 책에서 우리가 논의할 자기결정권이란 회생 가능성이 없는 말기 환자가 연명의료 여부를 결정하는 것에 한정한다.

연명의료에 대한 자기결정권은 나라마다 인식 차이를 보인다. 사회문화적 배경이 크게 작용하기 때문이다. 자기결정권을 가장 중시하는 곳은 미국이다. 반면 유럽은 환자 입장에서 무엇이 최선인지에 대해 의료진과 가족이 상의해서 결정한다.

우리의 연명의료결정법은 자기결정권에 대한 법이긴 하나, 한국은 전통적으로 환자에게 무엇이 최선일지에 대해 주로 의료진과 가족이 상의해서 결정해왔다. 따라서 법과 문화 사이의 간극을 어떻게 좁혀나갈 것인가가 바로 우리가 풀어야 할 숙제다.

1

내 삶의 마지막을 결정할 권리

말기 환자의 자기결정권

우리나라에서 1년에 사망하는 사람 29만여 명 중 사고나 자살로 죽는 사람을 제외하면 매년 27만여 명이 질환으로 사망한다. 이 중 폐렴 등 급성질환은 1만~2만 명에 불과하고, 나머지는 만성질환을 앓다가 숨을 거둔다. 연명의료 행위는 급성질환에서는 환자의 생명을 구할 수 있지만, 회생 가능성이 없는 임종기 환자에게는 불필요한 고통만 가중시킬 따름이다. 환자의 상태가 악화되어 임종이 가까워지면 의료진과 가족이 합리적인 결정을 할 것으로 기대하지만 병원에서 일어나는 상황은 그리 단순하지 않다.

2009년 존엄사 논쟁을 일으켰던 '김 할머니 사건'이 대표적이다. 당시 78세의 김 할머니는 회생 가능성이 없는데도 인공호흡기에 의존해 중환자실에 1년 이상 입원해 있게 되자, 가족은 "환자가 무의미한 연명의료를 평소 원하지 않았다"고 주장하며 의료진에게 인공호흡기 제거를 요구했다. 하지만 병원이 이를 거부하면서 법적 분쟁이 시작됐다. 그렇다면 왜 회생 가능성이 없는 것을 알면서도 병원은 연명의료를 하는 것일까?

무엇보다 대형 종합병원은 중증 환자를 주 대상으로 하여 운영되므로 환자의 생명을 어떤 방식으로든 유지시키도록 병원 시스템이 움직인다. 환자나 그 가족이 명확하게 책임 있는 의사 표현을 하지 않으면, 생명을 연장하기 위한 시도를 끝까지 할 수밖에 없다. 그렇게 하지 않으면, 의료 분쟁에 휩싸일 위험이 있어 방어 진료를 하는 것이다.

그동안 의학적 판단은 대부분 의사가 결정 내리고 환자는 이에 동의하는 방식으로 이뤄져왔다. 일반적인 진료를 하는 데는 이 방식이 적절할 수 있지만, 말기 환자의 연명의료에 있어서는 여러 가지 문제가 야기된다. 환자가 원하는지 여부와 관계없이 방어 진료의 일환으로 인공호흡기를 적용하거나 심폐소생술을 시행한다면 환자는 굳이 겪지 않아도 될 불필요한 고통을 받을 수 있기 때문이다.

임종이 가까운 환자 가족의 입장에서도 연명의료 시행 여부를 결정하는 것은 쉬운 일이 아니다. 설문조사 결과를 보면 회생 가능성이 없는 상태에 처했을 경우 본인 스스로는 무의미한 연명의료를 하지 않겠다고 답하는 이가 대부분이지만, 가족이 같은 상황에 처했을 때는 연명의료중단에 반대한다는 사람이 적지 않다. 또 환자의 배우자와 자녀 사이의 의견이 다르거나, 자녀들 사이에도 의견이 상이한 경우가 종종 있다.

우리나라에서 인공호흡기에 의존해 연명하다가 임종하는 환자의 수는 매년 3만~5만 명에 이른다. 이 중 환자가 연명의료를 끝까지 하겠다고 요구한 경우는 거의 없다. 대부분은 환자 본인의 뜻을 확인할 서류가 없는 데다 가족 중 누구도 책임지고 연명의료 유보나 중단을 결정하지 못하기 때문이다.

대법원 판결에서는 "환자가 회생 가능성이 없는 '회복 불가능한 사망 과정'에 진입한 경우, 환자의 진지하고 합리적인 치료 중단 의사가 추정될 수 있다면 사망 과정의 연장에 불과한 진료 행위를 중단할 수 있다"•며 자기결정권의 존중과 함께 의사추정 원칙을 명확히 정의하고 있다.

연명의료의 범위는 다양하다. 우선 세계적으로 '안락사' 논쟁을 불러일으킨 미국의 테리 샤이보 사건(2005년)을 살펴보자. 샤이보는 체내 전해질 불균형에 따른 심장마비로 뇌손상을 입어 식물인간이 되었고, 15년 동안 그런 상태로 생명을 유지했다. 하지만 남편은 아내가 평소 생명 유지 장치에 의존해서 살고 싶지 않다는 의사를 내비쳤다며 영양공급관을 제거할 것을 요구했다. 그녀의 부모는 여기에 반대해 남편과 친정 부모 사이에서는 오랜 기간 법정 소송이 벌어졌다. 법원은 최종적으로 그녀의 경관 영양 공급을 중단하

•   2009년 '무의미한 연명치료장치제거'에 관한 대법원 판결.

라고 결정했다.

가톨릭교에서 제정한 의학윤리 지침서에서는 인공호흡기 같은 예외적인extra-ordinary 의료 행위를 중단하는 것은 용인될 수 있지만 간호 행위, 영양 공급 등 필수 의료 행위는 통상적인ordinary 도덕적 의무라고 제시해두고 있다. 반면 서양의 사전연명의료의향서에는 영양 공급 문제도 포함된 경우가 많다.

한편 한국의 의료 현장 상황은 크게 다르다. 국내의 한 조사에 따르면, 말기 암 환자의 83퍼센트(165명 중 137명)가 임종 이틀 전까지 정맥주사를 통해 영양 공급을 받는 것으로 나타났다.

우리나라에서 회생 가능성이 희박한 환자에게 행하는 의료 행위에 대한 의견 일치율은 인공호흡기, 심폐소생술, 혈액투석, 경관 영양 공급, 정맥 영양 공급, 항생제, 마약성 진통제 순이다. 인공호흡기, 심폐소생술, 혈액투석 등은 예외적인 연명의료로 보는 반면, 영양 공급, 항생제, 진통제 사용은 통상적인 필수 진료 행위로 여기고 있다.

나라마다 연명의료에 대한 법률, 규정, 판례 등에서 다양한 표현이 사용되고 있고, 분류에 대해서도 의견이 하나로 모아지지 않는다. 모든 의료 행위를 모든 환자에게 시행할 수 없는 까닭에 적절한 의료 행위의 범위를 정하는 것은 반드시 필요하다. 그렇지 않으면 윤리적 갈등과 의료 분쟁이 발생할 가능성은 필연적으로 높아진다.

말기 암 환자들의 연명의료에 관한 가치관을 살펴보자. 94명의 환자를 대상으로 조사한 결과, 환자가 호흡곤란 증상을 보일 때 인공호흡기를 적용할 것인가에 대해서 의료진과 보호자는 39퍼센트 수준에서만 의견 일치를 보였다. 다시 말해 대부분의 의료진은 이런 치료가 무의미하다고 본 반면, 상당수의 보호자들은 조치를 취해줄 것을 요구했다. 또 다른 조사를 보면, 환자 가족 안에서도 의견이 충돌할 때가 종종 관찰된다. 즉, 가치관은 표준화하기 어려운 문제이며, 결국 이런 결정에는 생명에 대한 환자 자신의 가치관이 반영되어야만 한다. 환자의 자기결정권을 반영하는 서식에는 세 가지가 있다. 전통적으로 사용해오던 방식이 심폐소생술금지 동의서DNR이고, 건강할 때 미리 작성하는 '사전연명의료의향서'와 중병으로 입원했을 때 작성하는 '연명의료계획서'다. 우리나라에서 법적으로 인정되는 양식은 사전연명의료의향서와 연명의료계획서다.

의견 일치율: 37/94(39.4퍼센트)

		보호자		
		찬성	반대	총계
주치의	찬성	12	5	17
	반대	52	25	77
	총계	64	30	94

말기 암 환자에게 호흡곤란이 생긴다면 인공호흡기를 적용하시겠습니까?

2

사전연명의료의향서

사전연명의료의향서Advance Directives, AD는 연명의료와 관련된 법적 분쟁을 피하기 위해 미국을 중심으로 보급되었다. 이 양식을 인정하는 국가 대부분은 말기 환자뿐만 아니라, 지속적 식물 상태 환자의 연명의료를 결정하는 데도 이 서식을 적용하고 있다.

AD는 사전의료지시(서), 사전동의서, 사전신청서, 사전의사결정, 사전의사표시, 사전지시(서), 사전치료거부의사, 사전고지, 사전의료의향서, 사전의료요청서, 사전요청서 등으로 번역되고 있다. 대법원 판결문에는 사전의료지시서로 기술되었다가, 연명의료결정법에서는 사전연명의료의향서로 통일되었다.

2009년 연세대학교병원 김 할머니에 대한 5월 대법원 결정을 두고 언론은 '존엄사' 판결이라고 보도했지만, 사실 여기서 가장 중요한 변화는 의료진의 기술적 판단보다는 환자의 자기결정권에 비중을 더 두고 있다는 점이다. 담당 의료진과 병원은 인공호흡기를 계속 유지할 것을 주장한 반면, 법원은 환자가 평소 무의미한 연명의료는 원치 않았다는 의사를 추정적으로 인정해 인공호흡기 중단을 판결했다.

'무의미한 연명의료의 중단' 논의와 관련해 외국에서는 자연사법, 존엄사법, 자기결정권법 등으로 접근하고 있다. 한편 우리나라에서는 자연사나 존엄사적 관점에 대해서는 관심이 높은 반면, 자기결정권 측면은 별로 다뤄지지 않고 있다. 하지만 이 논의는 본질적으로 의료 행위를 결정하는 데 있어 환자의 자기결정권 문제와 긴밀히 연관되어 있다.

죽음에 임박한 이에게 무의미한 연명의료가 시행되지 않게 하고자 최근 사전연명의료의향서 논의는 더 활발히 일어나고 있다. 대한의학회는 사전의사결정을 '판단 능력이 없어질 때를 대비하여 자신이 받고자 하는 치료를 기록으로 남기는 것. 자신에 대한 의료 행위의 의사결정. 대리인 지명, 심폐소생술 거절, 원하지 않는 치료 행위를 구체적으로 지시할 수 있다'고 정의하고 있다.

사전연명의료의향서에는 다양한 방식이 있다. 예컨대 심폐소생술을 금지하는 DNR(Do Not Resuscitate) 양식 외에도 안락 치료만 요청하는 FCCO(Full Comfort Care Only), 기관내삽관을 거부하는 DNI(Do Not Intubate), 제세동기 사용을 금하는 DND(Do Not Defibrillate)가 그것이다. 주요 연명의료와 관련된 의사결정 사항을 묶어서 AD(advance directives)라는 양식으로 일괄 작성하는 게 보편적이다.

우리나라 웰다잉 운동에서는 법적 책임 문제를 강조한 사전유언에 해당되는 사전연명의료의향서를 작성하도록 권하고 있다.•

• 웰다잉well-dying은 well-being에 상응하여 만들어진 신조어다. 영어사전 어디에도 나오지 않는 단어로, 주로 한국에서만 사용된다.

3

연명의료계획서

미국에서는 1990년에 제정된 자기결정권법에서 사전연명의료의향
서 작성을 권하고 있다. 그럼에도 불구하고 여러 문제에 직면했다.
첫째, 심폐소생술거부는 51퍼센트 수준에 달하지만, 사전연명의료
의향서 작성은 16~26퍼센트 수준에 불과했다. 둘째, 대부분의 사
람이 양식의 의미를 잘 이해하지 못했다. 셋째, 의학적 결정의 구
체적인 세부 지침을 제시하지 못하는 경우가 많았다. 넷째, 환자
의 생각이 바뀌기도 했으며, 대리인이 환자의 의중을 제대로 파
악하지 못하는 일이 종종 일어났다. 나아가 의료진이 자기 환자가
사전연명의료의향서를 사전에 작성해두었다는 사실조차 모르거
나, 행여 작성되었다 하더라도 진료에 제대로 반영되지 않는 경우
도 있었다.

이런 문제점을 해결하기 위해 최근 대부분의 미국 대학병원에서는 POLST(Physician Orders for Life-Sustaining Treatment) 양식을 사용하고 있다. POLST는 의료진이 말기 환자의 가치관을 파악해서 작성하는 양식으로, 이를 통해 연명의료에 대한 의사결정을 내린다. POLST는 연명의료결정법에서 '연명의료계획서'로 번역되었다. 그동안 국내 병원에서 사용해온 DNR 양식은 사전연명의료의향서보다는 POLST에 가깝다. 일본이나 타이완에서 시행하고 있는 제도도 POLST의 취지에 더 부합한다.

	사전연명의료의향서AD	연명의료계획서POLST
작성 대상	모든 성인	임종에 임박한 중환자 (모든 연령의 환자 대상)
서식 완성의 최종 책임	환자 (의사 서명 불필요)	의사
양식의 의미	사전유언 living will	의료 행위에 대한 명령 medical order
활용 시점	미래	현재
기록 관리 책임	환자 (우리나라에서는 국립연명의료관리기관)	의료기관
대리결정	허용되지 않음	환자가 의사결정 능력이 없을 때 참여 가능(한국은 본인만 작성 가능)

사전연명의료의향서 vs. 연명의료계획서

미국은 1970~1980년대에 연명의료 의사결정에서 법적 문제들이 일어나자, 사전연명의료의향서를 통해 이를 해결하려 했다. 그러나 말기 환자들이 임종 과정에서 영적인 돌봄을 포함한 전인적인 간병을 필요로 한다는 주장이 주목을 받으면서 사회적으로 호스피스 운동이 일어났다. 환자, 가족, 의료진 간의 대화를 통해 임종 과정에서 겪는 의료 행위에 대해 사전 계획을 세우는 게 바람직하다는 데 많은 이가 공감했고, 이런 취지를 살리려면 법적 책임을 주로 다루는 사전연명의료의향서보다는 POLST 제도가 더 적절하다는 공감대가 미국을 중심으로 형성되고 있다. POLST 제도 시행후 실질적인 변화는 보호자(주로 가족)에 의한 대리결정이다.

미국의 POLST 제도와 한국의 연명의료결정법의 연명의료계획서 사이의 가장 중요한 차이는, 미국에서는 보호자에 의한 대리결정을 인정하지만, 한국은 본인이 서명한 경우만 유효하다고 보는 점이다.

연명의료결정법이 시행된 지 3년이 지난 시점에서 집계된 통계에 의하면, 우리나라 전체 사망자 가운데 25퍼센트만 법정 서식을 작성한 뒤 임종하고 있다. 이 중 본인이 연명의료계획서나 사전연명의료의향서를 직접 작성한 경우는 3분의 1 수준이다. 다른 3분의 1은 환자 가족의 진술에 근거해 환자 의사를 추정(제11호 서식)한 것이고, 나머지 3분의 1은 친권자 및 환자 가족 의사확인서(제12호 서식)를 통한 대리결정이다.

4
심폐소생술금지
동의서

심폐소생술금지 동의서DNR는 전 세계에서 가장 널리 사용되어왔다. 연명의료중단보다는 유보(하지 않기) 목적으로 작성되어 우리나라에서도 진료 현장에서 널리 쓰이고 있었다. 작성은 의료인이 하며 환자나 보호자가 이에 동의하면 된다.

DNR(do-not-resuscitate)은 '심폐소생술금지'라고 번역된다. 이는 의료진이 환자의 필수적인 진료를 거부하겠다는 뜻으로 오해될 여지가 있으나, 실제로는 임종에 임박한 환자에게 불필요한 심폐소생술을 거부할 권리를 부여하자는 것이다. 환자의 자기결정권 관점에서 심폐소생술금지는 '심폐소생술을 거부할 환자의 권리'로, 무의미한 연명의료중단은 '무의미한 연명의료를 거부할 환자의 권리'로 해석되는 게 바람직하다.

주로 말기 환자에게서 연명의료를 하지 않겠다는 (유보) 의사를 밝히는 목적으로 사용된다. 가족, 보호자, 대리인이 환자의 자기 결정권을 대신 반영한다는 취지다. 영국, 캐나다, 호주와 같은 나라에서는 환자나 가족의 서명조차 요구하지 않는다. 말기 환자에게 심폐소생술을 하지 않는 것이 보편적 가치에 부합되기 때문에 의사 한 명의 판단으로도 타당성을 인정받고 있다. 미국이나 캐나다의 일부 주에서는 의사 외에 간호사 한 명의 서명만으로도 심폐소생술금지를 결정하도록 허용하고 있다.

말기 환자에게 적용하는 연명의료 유보에 대한 다른 나라의 절차는 다음과 같다.

		동의 가능한 자		
		환자 본인	대리인	서명
심폐소생술금지 동의서 DNR	영국	O	가족	불필요
	캐나다	O	대리인	불필요
	호주	O	가족	불필요
	미국	O	가족, 보호자, 대리인	필요
연명의료계획서 POLST	미국	O	가족, 보호자, 대리인	필요

연명의료 유보 서식(국가 간 비교)

연명의료결정법이 '중단' 중심으로 구성되면서 '유보'와 관련된 절차에 적용하는 데 문제가 많다. '유보'의 경우 DNR 제도가 사용되어왔다. 유보와 관련된 법률이 정리되지 않으면 혼선은 피할 수 없을 것이라 여겨진다.

보건복지부가 '연명의료결정 제도 안내' 책자에서 밝힌 DNR 제도에 대한 입장은 다음과 같다.

연명의료결정법 시행 이후 DNR의 효력은 어떻게 되나요?

– DNR(심폐소생술금지)은 임상에서 많이 활용되는 문서이기는 하나, 의료기관에서 자체적으로 활용해오던 임의의 서식이며, 작성 주체 및 작성 방법도 통일되어 있지 않습니다.

– 또한 DNR은 '임종 과정'이라는 의학적 판단을 전제하기보다 '심정지'라는 특수 상황에 대하여 활용되는 서식입니다.

– 특히 환자의 의사 능력에 대한 확인 없이 가족 또는 불특정 대리인에 의해 환자에 대한 연명의료 유보 또는 중단을 결정하는 경우는 환자의 자기결정을 존중하고 대리결정을 허용하지 않은 연명의료결정법의 입법 취지에 부합한다고 보기 어렵습니다.

– 따라서 연명의료결정법과 관계없이 응급 상황 등 의료기관의 판단하에 DNR 사용의 가능성은 있겠지만, 연명의료결정법에 따라 보호를 받을 수 있는 결정은 아닙니다.

하지만 응급 의료에 관한 법률에 따른 응급 상황에서의 환자는 연명의료결정법의 적용을 받지 않는다. 이 경우 심폐소생술 시행 여부를 결정하는 데 DNR 서식을 사용할 수 있으며, 실제 현장에서도 사용될 것으로 예상된다.

우리나라에는 심폐소생술금지 동의서에 대한 법정 양식이 없어 국가 차원에서 표준양식을 만들어야 한다. 그동안 병원 단위로 개발한 양식을 써왔는데, 영국 NHS에서 발표한 지침을 참고해 사용할 것을 추천한다.•

• Do not attempt resuscitate decisions/orders guidance document, NHS, 2007.

5

연명의료결정 과정에서
가족의 역할

연명의료에 있어 환자의 자기결정권이 중요한데도 본인이 직접 서명하지 못하고 가족이 의사결정에 참여하는 이유는 단순하다. 환자에게 임종이 임박했다는 사실을 알리는 행위 혹은 서명을 받는 것 자체가 환자에게 불필요한 고통을 더한다고 인식하기 때문이다.

한국의 연명의료결정법에서는 본인이 연명의료계획서에 서명하지 못한 경우, 환자 자신이 연명의료를 원한 것과 동일하게 취급하는 오류를 범하고 있다. 어느 누구도 고통스러운 임종을 원치 않는다. 환자가 직접 서명을 하지 않았을 뿐이지, 제대로 된 대화가 이루어졌더라면 당연히 무의미한 연명의료는 거부했을 것이다. 그 부분을 가족이 환자의 의사(자기결정권)를 추정해서 연명의료결정 과정에 반영할 수 있게 해주는 것이 필요하다.

사례 1 암 환자의 자살

평소와 다름없이 구내식당에서 점심을 먹고 교수실로 돌아오니 응급실에서 전화가 걸려왔다. 오후 1시 30분쯤이었다. 이틀 전 외래에서 항암제 치료를 받기 위해 입원을 결정했던 60대 초반의 환자가 사망했고 영안실로 옮겨졌다는 내용이었다. 그 환자는 바로 어제 오후에 입원했고, 오늘부터 항암제 치료를 닷새간 받기로 되어 있었다. 그런데 오늘 오전 병원 개보수를 위한 공사장에서 시신으로 발견되어 응급실로 옮겼지만 이미 사망한 뒤였다고 했다.

서울대학교병원이 1979년 개원했을 당시에는 모든 병실의 창문을 열 수 있게 설계되어 있었다. 그런데 고층부에 입원한 환자들이 투신자살하는 사고가 반복되자 모든 병실의 창문을 열 수 없도록 고정해버렸다. 이후에도 이따금 자살 시도가 있었지만 병실 창문에서 뛰어내리려는 환자는 없었다. 오늘 일어난 사고는, 노후된 배관을 교체하기 위해 병실 한 곳을 비우고 배관을 철거하던 중 먼지가 일어나자 공사장 인부들이 잠시 창문을 열어둔 틈을 타 환자가 투신한 것이었다.

그의 진료 기록을 살펴보니 위암이 전이된 진행기 환자였다. 완치는 기대하기 어렵더라도 항암제 치료를 하면 한동안 큰 문제 없이 지낼 수 있었는데 치료를 시작도 하기 전에 스스로 목숨을 끊은 것이다.

'암'이라는 병명의 영향력은 대단해서 환자들은 '암' 진단을 받는 순간부터 머릿속에 죽음을 떠올린다. 그래서 환자의 보호자들은 '암', 게다가 '말기'라고 하면 환자가 잘못된 선택을 할까 봐 걱정돼 아예 병명을 알리지 말라고 부탁해오기도 한다. 그렇지만 질병 상태를 제대로 알리지 않으면 완치가 가능한 암인데도 뭔가 숨기는 듯한 가족의 태도에 오히려 환자가 '곧 죽는구나'라고 지레짐작함으로써 치료를 거부하거나 자살하는 극단적인 일이 일어나기도 한다.

더욱이 똑같은 말을 해도 환자는 성격에 따라 듣고 싶은 말만 듣고 믿는다. "완치는 어려워도 항암제가 잘 들어 치료를 하면 한동안은 문제없이 지낼 수 있습니다"라는 말을 듣고 어떤 이는 '완치가 어렵다'는 말에 절망하는 반면, 다른 이는 '항암제가 잘 듣는다, 문제없다'는 말을 새기며 과도한 희망을 품는다.

오늘 자살한 환자는 자신의 상태를 어떻게 이해하고 있었던 것일까? 우울한 날이다.

환자의 가치관이 반영되려면 가장 큰 전제는 그가 자신의 병을 정확히 알고 있어야 한다는 것이다. 여기엔 윤리의 기본 원칙인 '자율성 존중'이 깔려 있다. 환자를 배제한 채 의사가 일방적으로 결정하거나, 혹은 의사와 가족만이 상의해서 판단을 내린다면 문제가 일어날 수 있다.

우리 문화에서는 환자에게 병에 대해 정확히 알리는 것을 꺼린다. 서울대병원에서 114명의 말기 암 환자를 대상으로 조사한 바에 따르면, 그중 100명의 가족이 의료진이 직접 환자에게 회생 가능성이 없다(임종이 임박했다)는 사실을 알리는 것을 거부했다. 환자에게 그런 이야기를 하면 낙담해서 자해(자살)를 할지 모른다는 것이 주된 이유다. 의료진이 환자와 직접 대화할 수 있는 경우에도 상당수의 환자는 자신의 죽음에 대해 이야기하길 거부한다. 대부분은 가족과 상의하길 원하는 것이다.

이런 이유로 의료진은 환자가 회생 불가능하다는 이야기를 가족들에게 통보하고 있다. 가족이 환자와 상의해서 연명의료결정을 해주길 바라지만, 그들도 '곧 돌아가실 것이다'라는 이야기를 환자에게 직접 하지 못하고 있으며 제대로 임종 준비를 하고 있는 가족은 드물다.

서울대병원 내과에서 말기 암 환자 20명을 대상으로 가족끼리의 소통을 조사해보니, 임종기에 가족과 대화를 하는 환자는 7명에 불과했으며, 나머지는 소통을 전혀 못 하고 있었다. 그러다가 사망 2~3일전쯤 환자 의식 상태가 저하되면, 환자 가족과 의료진이 급하게 상의해 연명의료에 대한 결정을 한다.

국내 연구 결과들을 보면, 우리나라에서는 심폐소생술금지 결정에 환자 자신이 참여하고 있지 않다. 환자 대다수는 자기가 말기 상태에 있음을 알지 못할뿐더러 원칙적으로 직접 사전연명의료의향서를 작성해야 하지만 그런 일은 아주 드물다. 여론조사 결과에 따르면, 환자에게 불치병을 알릴 의무가 있고 환자가 사전연명의료의향서를 직접 작성해야 한다는 데 국민 대부분이 찬성하지만 현실은 크게 다르다.

	생각 (인식도 조사)	현황 (진료 현장의 실제 상황)
불치병 환자에게 병의 상태를 제대로 알리기	환자 (96퍼센트 찬성) 가족 (78퍼센트 찬성)	말기 상태임을 알고 있는 환자 (26퍼센트)
무의미한 연명의료에 대한 환자의 사전의사결정	국민 (71~81퍼센트 찬성)	DNR에 서명하는 환자 (0.002퍼센트=1/479)

한국에서 불치병 통보와 사전의사결정 현황

사례 2 호스피스 자원봉사자가 맞은 죽음

그는 위암을 진단받은 마흔세 살의 남성이었다. 암 진단도 견디기 힘든 터에, 불행은 겹쳐 온다고 진단 때 암은 이미 뼈와 폐로 번져 있었다. 수술은 불가능한 상황이어서 항암제 치료에 들어갔다. 1년여 간 항암제는 효과를 나타냈다. 부작용이 있었지만 견딜 만했고, 생활에 큰 지장은 없었다. 문제는 1년 뒤부터 나타났다. 약에 내성이 생겨 암이 서서히 악화되기 시작한 것이다. 뼈 전이는 통증을 유발했기에 마약성 진통제를 사용했지만 조절이 잘 되지 않았다. 또 폐 전이가 진행되면서 늑막에 물이 고여 호흡은 점점 더 어려워졌다.

그는 여느 환자와 달리 과거 자원봉사자로 호스피스 봉사활동을 한 경험이 있었다. 타인의 생애 말년을 숱하게 지켜봤던 그는 더 이상의 항암 치료를 원치 않았고 호스피스로 가서 편안한 최후를 맞기를 바랐다.

하지만 그렇게 보내기엔 남편이, 아버지가, 아들이 너무 젊다는 게 나머지 가족의 생각이었다. 그는 아내, 외동딸, 그리고 부모님을 둔 한 가정의 가장이었기 때문이다. "이제 40대 초반인데 치료도 제대로 하지 않고 호스피스로 가는 건 무책임하고 도리에 맞지 않아요." 가족은 이렇게 말했다. 특히 아내는 "치료에 대한 끈을 놓으면 나중에 한이 될 것 같다"며 의료진과 긴밀히 소통하면서 항암 치료를 이어갔다.

의료진이 보기엔 가망성이 크지 않았다. 그럼에도 다른 항암제를 써서 효과를 보이면 일시적으로 호전될 가능성이 있어 항암제 치료를 권유했다. 의료진이 소통한 대상은 환자보다는 그 가족이었다.

죽음을 맞는 것은 환자이지만, 많은 사람에게 죽음은 가족과 얽혀 있다. 그는 생의 끝자락을 사랑하는 사람들과 함께하며 호스피스에서 보내고 싶어했지만, 가족은 완강하게 저항했다. 이런 일에 맞닥뜨리면 환자는 반대 의견을 물리치고 자기가 원하는 방향으로만 결정을 내리기 어렵다. 최선을 다하려는 가족의 진심이 읽히기 때문이다.

어쩔 수 없이 그에겐 항암제가 계속 투여되었다. 하지만 부작용만 더할 뿐 효과는 없었다. 마지막 항암제 치료가 있고 아흐레 뒤 환자는 사망했다. 진단받고 19개월 만이었다.

아내는 환자 본인의 뜻을 거스르면서까지 살려보려 했지만, 남편이 끝내 죽자 죄책감을 떨치지 못했다. 남편이 원했던 최후가 아니었기 때문이다. 그럼에도 고통 속에서도 함께 살아줘서 고맙다고 했고, 의료진에게도 "끝까지 포기하지 않아줘서 고맙다"는 말을 전했다. 그렇지만 환자에게 마지막 수개월 동안 받았던 항암 치료는 어떤 의미였을까?◆

◆ 인류학자 송영기 선생이 가족 및 환자와 인터뷰한 내용을 일부 인용했다.

6

한국의
사전의사결정 현황

사전의사결정은 의료진이 일방적으로 결정할 수 있는 것이 아니며, 환자가 의사결정에 참여해야 한다. 그런데 한국의 현실은 녹록지 못하다. 따라서 환자의 참여를 위해서는 다음과 같은 문제점을 극복해야 한다.

심폐소생술금지의 현황

서울대병원에서 2007년에 사망한 656명의 말기 암 환자 중 85퍼센트가 심폐소생술을 포함한 연명의료를 하고 있지 않으며, 암이 아닌 다른 만성 질환으로 말기에 이른 환자의 70퍼센트 역시 임종 과정에서 심폐소생술을 시행하지 않았다. 이러한 지표는 꽤 희망적으로 보인다.

하지만 현실은 좀더 복잡하다. 서울대병원에서 최근 사망한 암 환자 317명 가운데 본인이 심폐소생술금지 동의서를 직접 작성한 경우는 단 1퍼센트에 불과했다. 의사결정은 본인이 했지만 가족이 대리 서명한 경우는 4퍼센트이고, 나머지 95퍼센트는 가족이 대리 결정을 했다.

보라매병원에서 2003년 1월부터 2004년 4월 사이에 사망한 말기 암 환자 165명을 대상으로 조사한 결과는 다음과 같다.

- 143명의 환자에게서 DNR 동의서를 받을 수 있었다(86.7퍼센트).
- DNR 동의서를 작성한 환자에게는 심폐소생술이 시행되지 않았다. 그러나 DNR 동의서를 작성하지 않은 환자군에서는 22명 중 13명에게 심폐소생술을 시행했다.
- DNR 동의서를 작성한 사람 중 가족이 없었던 한 명(행려 환자)만 본인이었고, 나머지 142명의 환자는 본인이 직접 의사 결정에 참여하지 않았다. 대부분 가족이 작성했는데, 배우자(27.3퍼센트), 자녀(50.3퍼센트), 부모(3퍼센트) 등이었다.
- 동의서를 작성한 시기는 사망일을 기준으로 대부분은 일주일 이전(범위: 0~79일)이었다. 중앙값은 8일 전이었고, 평균치는 12일이었다.

이런 결과를 종합하면, 한국에서는 DNR 결정에 환자 본인이 참여하고 있지 않다. 대부분은 가족이 의료진과 상의하여 이뤄지고 있으며, 그 시점도 임종이 임박해서다. DNR의 상황을 고려한다면, 제대로 된 '사전의사결정'은 국내에서 거의 이뤄지지 못하고 있는 현실이다(미국의 조사 통계에서 임종 환자 중 4~25퍼센트가 사전연명의료의향서를 작성하는 것과는 대조된다).

환자가 사전의사결정에 참여하기 위해서는 우선 자신의 병에 대해 알아야 한다. 병황 진실 통보와 관련해 한국인 암 환자를 대상으로 설문조사를 실시하자 다음과 같은 답변이 나왔다. 우선 임종이 임박한 경우, 암 환자의 96.1퍼센트(380명 중 365명)는 자신이 말기 상태임을 알려주길 원했다. 반면 가족 중에서는 78.3퍼센트(281명 중 216명)만이 환자에게 사실을 알리는 게 좋으리라 판단하고 있었다. 좀더 시간을 거슬러 올라가 2001년 서울대병원에서 조사한 자료를 살펴보자. 당시 암 환자의 대부분(86퍼센트)은 자신이 암 질환을 앓고 있다는 걸 인지하고 있었다. 그런데 병이 어느 정도 진행되었는지 정확히 알고 있는 환자는 37퍼센트에 그쳤고, 특히 임종이 임박한 말기 상태임을 알고 있는 환자는 26퍼센트에 불과했다. 즉 병이 심각한 상태에 이를수록 환자는 이를 제대로 파악할 수 없는 처지였다.

각종 설문조사를 종합해보면, 환자가 직접 사전연명의료의향서를 작성하고 이를 존중해야 한다는 견해가 70~90퍼센트에 달하지만 진료 현장의 분위기는 사뭇 다르다.

연명의료결정법은 제한된 조건에서의 존엄사를 인정하자는 것이다. 즉 생명 경시를 우려해 안락사는 허용되지 않고, 산소나 영양 공급 등 필수 의료 행위는 중단할 수 없게 되어 있다. 또 회생 가능성이 적다고 해도 지속적 식물 상태의 환자는 법 적용 대상이 되지 못한다. 이 법의 적용을 받으려면 '사전연명의료의향서' 혹은 '연명의료계획서'를 내야 한다. 사전연명의료의향서는 환자를 포함해 19세 이상의 성인이면 누구나 국가에서 인정하는 등록 기관에 가서 충분한 설명을 들은 뒤 작성할 수 있고, 등록해놓으면 연명의료계획서와 같은 역할을 한다. 연명의료계획서는 의료기관에 입원한 환자와 의사가 함께 작성하는 서류다. 담당의와 관련 분야 전문의가 어떤 환자를 회생 가능성이 없다고 진단했다면, 그는 의사로부터 연명의료와 호스피스에 대한 설명을 충분히 들은 후 연명의료계획서를 통해 연명의료 시행 여부를 스스로 결정할 수 있다. 2009년 김 할머니 사건처럼 이미 연명의료가 시행되고 있는 경우에도 회생 가능성이 없다고 의료진이 판단하면, 법적 분쟁 없이 가족 2인의 일관된 진술을 근거로 인공호흡기의 중단 및 제거가 가능해졌다.

그러나 연명의료결정 시범사업이 실시된 뒤(2017년 10월 23일부터 2018년 1월 15일까지 실시) 의료 현장에서는 말기 환자에게 오히려 부정적인 상황이 생기지 않을까 걱정하고 있다. 연명의료계획서 등 모든 서식에 환자의 자필 서명만 유효하다는 시행 규칙을 의료 현장에서 실제로 지키기 어렵다는 것을 알기 때문이다. 만성 질환에서 급속히 악화되기 시작하는 말기는 임종 두세 달 전이고, 이

때 사전연명의료의향서나 연명의료계획서를 본인이 작성하면 문제가 없다. 하지만 말기 환자가 법에 명시된 대로 의사의 설명을 듣고 자신의 연명의료 시행 여부를 결정하는 일은 실제로 매우 드물다. 왜냐하면 환자가 회생 가능성이 없다는 이야기를 의사로부터 들으면 모든 치료를 포기하고 심지어 자살을 시도할지도 모른다는 등의 이유로 의료진이 환자에게 말기임을 설명하는 것을 대부분의 가족(80~90퍼센트)이 막기 때문이다. 가족의 허락을 받지 않고 환자에게 직접 불치병을 통보했다는 이유로 의료진을 폭행하는 일이 발생할 만큼 환자 가족은 이 문제에 굉장히 민감하다. 의사가 환자와 대화하도록 어렵게 허용받았더라도 말기 환자의 절반은 자신의 죽음과 관련된 문제를 논하길 거부하거나 회피한다. 그런 까닭에 그동안 우리나라 의료기관에서 널리 사용되어온 'DNR 동의서' 양식에 환자 본인이 서명한 경우는 1퍼센트도 채 안 되고, 대부분 가족이 대리 서명을 해왔다.

새로 제정된 연명의료결정법 서식에 반드시 본인 서명이 들어가야 법적으로 유효하도록 한 것은 의료 현실과 맞지 않는다. 미국도 1990년 본인 서명을 의무화하는 '자기결정권법'을 실시했지만 20여 년이 지나도 본인 작성 비율이 30퍼센트를 넘지 못하자 연명의료계획서 작성에 가족의 대리결정을 인정함으로써 문제를 해결했다. 유럽, 타이완, 일본도 비슷한 길을 걸었다. 환자의 자기결정권은 중요하다. 그러나 모든 서식이 '환자 본인의 서명'이라는 요식에 집착하다보니 말기 환자의 호스피스 활용 역시 더 어려워졌다. 환자 본인이 연명의료계획서를 작성하지 못한 상황에서 연명의료를 결정해야 하는 경우, 의료진은 책임 문제 때문에 방어적 연명 진료를 할 수밖에 없을 것이다. 그리고 그 피해는 고스란히 환자와 그 가족, 의료진이 감수해야 한다. 말기 질환으로 극심한 고통을 받는 환자에게 "곧 죽을 것이니 연명의료계획서에 서명하라"고 말하는 것은 차마 못 할 짓이라고 생각하는 게 보통 사람의 정서다. 말기 환자가 건강한 사람과 똑같은 조건에서 '자기결정권'을 행사하기 어려운 현실을 직시하고, 다른 선진국처럼 의료진과 가족이 상의해 연명의료 여부를 결정하도록 하는 게 바람직할 것이다.

7

한국에서의 연명의료결정법 제정

병원에서 사망해 의료 분쟁으로 진행된 죽음에 대해 사회적인 문제를 제기한 첫 번째는 보라매병원 사건이다. 의학적 충고에 반한 퇴원(자의 퇴원)의 형태로 인공호흡기가 제거되어 사망하는 사건은 어느 병원에서나 드물지 않게 일어난다. 그렇지만 검찰은 회생 가능성이 있는 환자를 퇴원시켜 사망에 이르도록 했다고 판단해 이를 사건화했다.

1997년에 발생한 이 일을 계기로 회생 가능성이 희박하더라도 인공호흡기를 중단하면 처벌받을지 모른다는 불안감이 의료계에 널리 퍼졌고, 이에 대비하고자 방어적으로 인공호흡기를 사용하는 관행이 가속적으로 이뤄졌다. 여기에 일조한 것은 정부의 저수가 정책이다. 인공호흡기를 달고 중환자실에 입원해도 다른 선진

국에 비해 환자의 본인 부담금이 크지 않기 때문에 환자 가족뿐
만 아니라 의료진도 쉽게 중환자실로 옮겨 연명의료를 받도록 하
는 관행이 생겼다.

이러한 방어 진료는 중환자실을 붐비게 만들었고, 이로 인해 급
성질환으로 인공호흡기가 필요한 환자가 제때 중환자실을 이용하
지 못하는 부작용까지 유발했다. 이런 문제점을 개선하기 위해 자
율적으로 윤리 지침을 만들어 개선하고자 시도한 곳은 대한의사
협회였다. 2001년 4월 연명의료에 대한 윤리 지침을 발표해 회생
가능성이 없는 환자에게서는 인공호흡기를 제거할 수 있다는 기
준을 제시했다.

의사협회의 발표가 나오자, 언론은 의사들이 '소극적 안락사'를
허용하려 한다며 비난했다. 또 종교 단체 및 환자 단체들도 연명의
료중단 윤리 지침은 악용될 여지가 있다며 반대했다. 의사들은 법
적 구속력이 없는 윤리 지침만으로는 이 문제를 해결할 수 없었다.
이런 과정을 거치면서 회생 가능성이 없는 환자에게 연명의료가
적용되는 사례는 늘었고 이로써 수많은 사회적 사건을 유발했다.

2008년 연세대병원에서 기관지 내시경으로 조직 생검을 하던
중 출혈이 일어 의식을 잃은 환자가 있었다. 소위 '김 할머니 사건'
으로 불리는 이 일은 2009년 대법원 확정 판결로 인공호흡기 제
거가 가능하다는 판결을 받았고 실제로 인공호흡기는 떼어졌다.
1997년 보라매병원 사건의 판결과 정반대 방향으로 대법원이 판
단한 것이다. 즉, 회생 가능성이 없는 환자에게서는 인공호흡기와

같은 연명의료의 중단이 가능하다는 판례였다.

대법원은 판결문에서 연명의료결정에 대한 입법을 권고했다. 그 동안 입법 시도가 없었던 것은 아니지만 제대로 진행하지 못했다. 하지만 대법원 판결을 계기로 여러 국회의원이 연명의료에 대한 입법안을 국회에 발의했고, 입법 과정은 빠른 속도로 이뤄졌다.

또 다른 움직임은 호스피스를 제도화하려는 노력이다. 주로 말기 암 환자의 임종을 돌보는 데 기여해오던 호스피스는 1965년 강릉 갈바리의원에서 출발했으며, 아시아 지역에서는 최초였다. 그러나 정체 상태로 머물러 있다가 1998년 한국호스피스-완화의료학회가 설립되면서 의료 제도 내에 호스피스를 정착시키려는 노력이 체계적으로 이루어졌다.

처음에는 정부 지원 사업이 뒷받침되었고, 그 후 건강보험수가 시범사업이 이어졌으며, 2017년 8월부터는 건강보험제도의 한 부분으로 본격적인 활동이 이뤄지고 있다. 이 과정에서 호스피스에 관한 입법 노력도 지속되어 처음에는 암관리법의 일부 조항으로 들어가 활동을 시작했다.

연명의료결정법이 본격적으로 틀을 갖춘 것은 2009년 한국보건의료연구원이 사회적 합의안을 도출하고, 2013년 국가생명윤리위원회에서 입법을 강력히 권고하면서다. 이후 여러 국회의원이 경쟁적으로 법안을 발의해 유사한 입법안이 활발히 논의되었다. 문제는 이 법이 제정되면 악용될 소지가 있다는 종교계와 환자 단체의 반대였다. 특히 가톨릭교회는 연명의료 유보의 대상이 되는 말기 환자는 호스피스 서비스를 필요로 하는데, 호스피스 제도가 제대로 갖춰지지 않은 현실에서 연명의료결정법을 시행하면 큰 부작용이 생길 우려가 있다면서, 연명의료결정법 제정의 전제 조건으로 호스피스 관련 입법을 강력히 주장했다.

결국 연명의료결정법은 호스피스-완화의료 관련 법과 연계되어 병합 심의가 이뤄진 가운데 2016년 1월 국회를 통과했다. 국회 본회의에 상정되던 날, 국회의원 203명이 출석했는데 1명이 기권하고 202명이 찬성하여 통과되었다. 실질적으로는 만장일치나 다름없었던 것이다. 이 법은 전문 43조의 대단히 복잡한 것으로, 국회의원들이 법안의 내용을 어느 정도 이해하고 찬성표를 던졌는지는 알 수 없다. 확실한 사실은 국민 어느 누구도 고통스럽게 임종하는 것을 원치 않는다는 점을 분명히 했다는 것이다.

8

다른 나라 제도와의
비교

연명의료결정에 대한 입법은 주로 말기 환자를 대상으로 이뤄져왔다. 왜냐하면 말기 판단에서는 오류가 드물고, 또 말기 환자에게 연명 의료는 부적절하다는 공감대가 있기 때문이다. 따라서 이들에게 연명의료결정과 관련하여 분쟁이 생기는 일은 극히 드물다.

말기보다 확장된 영역이 지속적 식물 상태 환자에 대한 법 적용이다. 미국, 캐나다, 유럽 여러 나라에서는 이것이 입법화되었다. 지속적 식물 상태에는 다양한 의학적 상황이 있기 때문에 회생 가능성 판단을 둘러싸고 분쟁이 일어나기도 하며 안락사 논쟁으로 빠질 위험이 있다. 이런 이유로 환자 본인이 직접 서명한 문서를 요구할 것을 원칙으로 한다.

안락사까지 법 적용을 확대한 나라는 네덜란드, 벨기에, 룩셈

부르크, 캐나다와 미국의 일부 주다. 의사조력자살 형태로 대부분 허용하고 있다.

다른 나라의 제도와 비교하면 한국은 가장 보수적인 편이다. 왜냐하면 말기 환자에게만 적용하는 것이 아니라, 말기를 더 세분화하여 임종기에만 연명의료결정을 허용하고 있기 때문이다.

국가	안락사 의사조력자살	연명의료결정	
		식물 상태	말기
네덜란드, 벨기에, 룩셈부르크	○	○	○
캐나다(2016)	○	○	○
미국(오리건, 워싱턴, 버몬트, 몬태나, 뉴멕시코, 캘리포니아)	○	○	○
독일, 호주	×	○	○
영국	×	○	○
타이완	×	×	○
일본	×	×	○
한국	×	×	임종기

연명의료결정에 대한 입법 사례의 국가 간 비교

가톨릭 교리서, 기독교(루터교) 교리서, 미국의사협회 윤리 지침은 환자가 의사 표현을 할 수 없거나 의사결정을 분명히 해두지 않았을 때, 대리인이 결정할 권한을 인정하고 있다. 미국의 '자기결정권법'에서도 환자의 의지를 파악하는 게 불가능할 때, 대리인이 환자를 대신할 여지를 밝히고 있다. 특히 미국은 병원뿐 아니라 요양원, 호스피스 등에서도 사전연명의료의향서와 관련된 제도를 준비할 것을 의무화하고 있다. 입원 환자라면 의료기관이 입원 시 환자에게 설명하도록 하고 있다.

연명의료 절차에 대한 아시아 3국의 비교

타이완이 2013년 연명의료에 관한 법을 개정했다. 타이완의 법안 개정 과정(2000년 제정 및 2011년 개정)과 일본, 한국의 실태는 아래 표와 같다. 결국 쟁점은 '의사 추정'과 '대리결정'으로 집약된다. 타이완은 2000년 버전에서는 '의사 추정'과 '대리결정'을 구분하고 있지 않다. 이후 2011년판은 두 개념을 분리하고 대리결정은 의료윤리위원회 판단을 받도록 했다가, 2013년에 이르러서는 완화의료팀palliative care team(실질적으로는 의사 2인)이 결정할 수 있도

		의사 추정	대리결정
타이완 (안녕완화의료조례 安寧緩和醫療條例)	2000년	가장 가까운 친척이 제출한 동의서로 대체	
	2011년	가장 가까운 친척이 제출한 동의서로 대체	의료윤리위원회가 결정
	2013년	가장 가까운 친척이 제출한 동의서로 대체	완화의료팀이 결정
일본 (후생노동성지침)	2007년	가족의 추정 의사를 존중해 결정	1) 가족이 환자의 의사를 추정할 수 없는 경우에는, 가족과 의료진이 상의하여 결정 2) 가족이 없는 경우 등에는 의료·케어 팀이 결정
한국 (연명의료결정법)	2016년	가족 2인 이상의 진술 + 의사 2인의 확인	가족 전원의 합의 + 의사 2인의 확인

연명의료 절차에 대한 아시아 3국의 비교

록 했다. 타이완의 2013년판은 결국 2007년 일본의 가이드라인과 비슷하다.

환자의 의사 확인이 불가능한 경우 타이완의 자연사법에서는 다음과 같이 접근하고 있다.

〈타이완 자연사법 제7조 2항〉

말기 환자가 의식불명이거나 신청 의사를 명확히 밝힐 수 없을 때에는 신청서를 가장 가까운 친척이 제출한 동의서로 대체한다. 단, 말기 환자가 의식불명이거나 신청 의사를 명확히 밝힐 수 없기 전에 명시한 의사 표시와 상반되어서는 안 된다. 전항의 가장 가까운 친척의 범위는 아래와 같다.

1. 배우자
2. 직계 존속 및 비속
3. 부모
4. 형제자매
5. 조부모
6. 증조부 및 3촌 이내 방계 혈족
7. 1촌 이내 직계 인척

사회적 수용 수준을 고려하지 않은 채 이상적인 제도를 마련하는 것은 실질적인 효과가 없을뿐더러 잘못 이용될 위험도 내포하고 있다. 타이완이 자연사법을 시행하면서 심폐소생술을 거부할 환자의 권리 부분만 대상으로 시작했다가, 논의의 폭을 단계적으로 넓히는 개정 작업을 추진한 것은 우리나라 입법 과정에서 참고할 만하다.

일본은 2018년 국가 지침을 다음과 같이 변경했다. 가족 구조의 변화를 반영해, 가족을 친족관계에 제한하지 않고 좀더 넓은 범위의 사람들로 정의했다. 또 의료 기관에서 임종하는 환자에 국한하지 않고 가정이나 간병 시설에서 사망하는 환자도 동일한 지침을 적용하기로 했다.

2019년부터 타이완은 말기 환자뿐만 아니라 불가역적 혼수 상태, 식물 상태, 심각한 치매, 치료법이 없는 질병 또는 참기 힘든 고통을 받고 있는 환자에게도 연명의료결정이 가능해진다. 이를 위해 기존의 자연사법安寧緩和醫療條例과 별도로, 2015년 12월에 환자 자기결정권법病人自主權利法을 통과시켰고, 3년의 유예 기간을 거쳐 시행하고 있다. 중단할 수 있는 연명의료 범위도 혈액, 항생제, 중심정맥관을 통해 공급하는 영양제 및 수분까지 확대된다. 나아가 의료 문제에 대한 대리인 제도도 도입한다.

우리나라도 연명의료결정법 시행에 뒤따르는 문제점을 보완하기 위해 법이 개정되었다. '3년 이하 징역 또는 3000만 원 이하 벌금'의 대상이던 '연명의료법 제15조를 위반해 연명의료중단 등 결정 이행의 대상이 아닌 사람에게 연명의료중단 등 결정을 이행한 자' 조항이 삭제되었다.

임종과정에 있는 환자에 대해 연명의료 의사를 물어 기록을 남겨야 하고, 환자의 연명의료 의사에 대한 기록이 없으면 연명의료를 시행해야 한다. 환자의 의사를 확인하지 않고 연명의료를 유보한 경우도 처벌 대상이 될 수 있다. 또 가족 전원의 동의를 요구하는 대리결정이 이뤄지려면 대가족에서는 직계존비속 10명 이상의 서명을 받아야 하는 등 현실적으로 불가능한 경우가 적지 않다. 이런 문제점을 보완하기 위해 1촌 이내 직계존비속의 동의만 받아도 대리결정이 가능하도록 개정되었다.

제4장

연명의료결정법, 무엇이 문제이고 어떻게 해결할 것인가

대부분의 국민이 호스피스 제도에는 찬성하면서도, 연명의료결정 문제는 아직 잘 이해하지 못하고 있다. 무의미한 연명의료를 하지 않는 것이 호스피스의 시작임에도, 둘을 별개의 사안으로 생각하는 것이다. 한 예로 호스피스에서는 불필요한 심폐소생술을 하지 않는다 (DNR). 끝까지 최선을 다하려는 환자나 보호자들에게 '연명의료'라는 단어가 갖고 있는 희망적 의미까지 포기하는 것은 쉬운 결정이 아니다.

우여곡절을 겪고 연명의료결정법이 통과되어, 2017년 8월부터 시행되고 있는 호스피스 제도는 점차 자리를 잡아나가고 있다. 2018년 2월부터 시행되고 있는 연명의료결정에 대한 법령은 많은 문제점을 지니고 있어 그 문제점을 이해하고 대응 방안을 마련해야 한다.

1

연명의료결정,
선의를 믿을 수 있어야

2012년 5월, 한 대학병원의 중환자실에서 4년간 폐암으로 투병해 오던 70대 아내의 인공호흡기 연결 튜브를 칼로 잘라 환자를 죽음에 이르게 한 80대 할아버지가 살인죄를 선고받았다. 아내가 집에 돌아가 편안하게 임종할 수 있도록 인공호흡기 시술 중단을 요구했으나 병원 측에서 거절하자 돌발적으로 일으킨 일이었다.

병원이 할머니가 회생 불가능하다는 것을 알면서도 할아버지의 요구를 들어주지 못한 배경에는 1997년 '보라매 병원 사건'이 영향을 미쳤다. 이 사건 후 보건복지부는 '의료 서비스의 단절로 사망 가능성이 있는 환자에게 퇴원 조치를 해서는 안 된다'고 고시했다. 이 결정은 급성질환자의 생명을 구하기 위해 개발된 연명 장치를 만성 질환이나 고령으로 임종기에 접어든 환자에게까지 적용하는 경우가 증가하는 상황과 맞물려 우리 사회에 새로운 윤리적 갈등을 야기했다. 일단 연명의료를 시작하면 회생 가능성이 없더라도 병원은 법적 분쟁을 피하기 위해 중단에 동의하지 않는 관행이 생긴 것이다.

연명의료중단을 위해 병원에 소송까지 제기한 일명 '김 할머니 사건'에 대해 2009년 대법원이 무의미한 연명의료는 중단이 가능하다고 판결하면서 연명의료 문제는 다시 사회적 이슈로 떠올랐다. 이후 오랜 논쟁 끝에 국가생명윤리심의위원회는 2013년 본인의 의사를 기록한 사전연명의료의향서와 같은 문서가 없어도 임종기 환자에 대해 가족 2명의 진술과 의사 2인의 확인으로 연명의료 결정을 할 수 있다는 합의안을 확정했다.

그러나 2016년 통과되어 2018년 2월부터 시행되고 있는 연명의료결정법에서는 미국의 POLST와 달리 연명의료계획서의 경우 본인 서명만 인정하고, 대리결정의 경우 가족 전원의 서명이 있어야 하며, 의사 추정의 경우도 가족 2명의 일관된 진술에 가족관계증명서 확인까지 요구하고 있다. 법이 악용될 소지가 있다는 전제하에 규제를 크게 강화한 것이다.

우리 문화에서는 임종에 임박했다는 사실을 환자에게 알리는 일부터가 쉽지 않고, 환자가 연명의료에 대한 생각을 정리해서 문서로 남기는 경우가 거의 없는 현실을 고려하면 추가된 내용은 무리한 규제다. 갑자기 의식을 잃은 환자에게 수 시간 내에 연명의료 적용 여부를 결정해야 하는 상황에서 관련 자료를 찾아 제시해야 한다면, 매년 20만 명에 달하는 환자의 가족과 담당 의사가 서류 미비로 범법자가 될 위험에 처할 수밖에 없다.

임종기 환자의 연명의료결정에 이렇게 까다로운 법을 적용하는 나라는 없다. 미국, 일본, 타이완 등은 가족에 의한 대리결정을 허용하고, 유럽 국가들은 별도의 법적 절차 없이 의사들이 판단해서 결정한다. 까다로운 검증 절차를 만들어 제도가 악용되는 것을 방지해야 하는 영역은 지속적 식물 상태다. 이들 환자는 수년에 걸쳐 연명의료에 의존하는 경우가 많고, 의학적 상황도 복잡해 연명의료와 관련해 윤리적 논쟁과 법적 분쟁이 많이 일어나기 때문이다.

국가생명윤리심의위원회 합의안의 적용 대상에서 지속적 식물 상태는 아예 제외했는데도 경제적 이유 등으로 가족이 임종기 환자의 생명권을 침해하는 행위를 결정하고, 그런 일에 의사가 협력할지 모른다는 우려는 지나치다.

국내 설문조사를 보면 임종 과정에서 본인이 연명의료를 받겠다는 사람은 거의 없는데, 환자에게 말기 상태를 알리고 연명의료 여부를 묻는 것을 반대하는 가족의 비율은 23퍼센트를 웃돈다. 매년 3만~5만 명의 임종기 환자가 인공호흡기나 심폐소생술로 고통스러운 죽음의 순간을 연장하고 있다. 환자가 원해서가 아니라, 연명의료결정에 대한 책임을 모두 회피하고 있기 때문이다.

선의를 가진 사람들을 보호하고자 하는 것이 연명의료결정 절차 제도화의 취지다. 극소수의 악의를 가진 사람을 두려워하여 선

의를 가진 대다수의 사람에게 더 큰 고통을 안겨주는 법이라면
차라리 없는 것이 낫다.

2

대상 환자의 범위

우리나라는 의료기관에서 임종하는 환자에 한정해 법을 적용한
다. 반면 미국은 병원뿐 아니라 요양원, 호스피스 등에서도 연명
의료결정과 관련된 제도를 준비할 것을 의무화하고 있다. 입원 환
자라면 의료기관에 입원할 때 환자에게 설명하도록 하고 있다.

미국에서 연명의료결정의 대상으로 논의되는 상태는 말기와 지
속적 식물 상태다. 우리 법안에서 지속적 식물 상태는 적용 대상
이 되지 않는다. 뇌졸중(중풍)으로 쓰러져 의식이 회복되지 않은
채 인공 영양 공급으로 연명하는 많은 환자가 요양병원 등에 장기
간 입원해 있다. 이들도 회생 가능성이 없고, 언제 돌아가실지 모
르는 상태이므로 연명의료결정 대상으로 생각할 수 있지만, 지속
적 식물 상태인 까닭에 해당되지 않는 것이다. 다만 이들 환자가

다른 합병증으로 인해 임종에 임박하면 연명의료결정법에 따라 의사결정이 가능하다.

우리나라 법안의 문제점은 대상 환자의 범위를 말기와 임종기를 구분해, 호스피스 신청은 말기를 기준으로, 연명의료결정은 임종기를 기준으로 정하게 한 것이다. 하지만 말기 환자와 임종기 환자를 명확히 나누는 것은 현실적으로 쉬운 일이 아니기 때문에 문제가 되는 것이다.

'뇌사' 상태 환자에 대해서는 연명의료를 중단할 수 없다고 기술하고 있다(보건복지부 발행 연명의료결정 안내 책자). 뇌사 상태는 의학적으로 사망한 상태다. 이는 우리나라에서만 장기 기증을 전제로 뇌사 판정을 하도록 법이 규정하고 있어 발생한 혼선이다. 뇌사 상태는 임종 과정에 접어든 것으로 해석되며, 연명의료결정법에 따라 연명의료중단이 가능하다고 생각한다.

• **연명의료결정법에 포함된 내용**
  – 임종 과정(임종기): 회생 가능성이 없고, 치료해도 회복되지 않으며, 증상이 급속히 악화되어 사망에 임박한 상태를 말한다.
  – 말기 환자: 다음 각 목의 어느 하나에 해당되는 질환에 대하여 적극적인 치료에도 불구하고 근원적인 회복 가능성이 없고 점차 증상이 악화되어 보건복지부령으로 정하는 절차와 기준에 따라 담당 의사와 해당 분야의 전문의 1명으로부터 수개월 이내에 사망할 것으로 예상되는 진단을 받은 환자를 말한다.

가. 암

나. 후천성면역결핍증

다. 만성 폐쇄성 호흡기질환

라. 만성 간경화

마. 그 밖에 보건복지부령으로 정하는 질환

모든 질환에서 말기 진단이 가능하다. 법안에 명시된 네 가지 질환은 건강보험급여로 호스피스 의료비 지원을 받을 수 있다는 것이지, 다른 질환에서 말기 진단이 불가능하다는 뜻은 아니다.

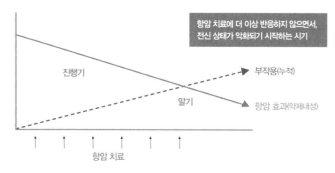

	병기		
기준	1기	2기, 3기, 4기	
국제적 기준	초기	진행기	말기
한국의 오해	초기	말기	
연명의료결정법	초기	진행기	말기 임종기

진행기-말기-임종기에 대한 기준

2011년 TV 오디션 프로그램에서 우승한 젊은 청년이 2012년 사망했다. 그는 가수로서의 뛰어난 기량 외에 암 투병 중인 환자, 그것도 위암 말기 환자라는 사실로 또 다른 화제를 모았다. 처음에는 그런 현실이 병마와 싸우면서도 하고 싶은 일을 포기하지 않는 청년의 감동적인 휴먼 스토리로 관심을 불러일으켰지만, 그는 곧 악성 댓글의 표적이 되었다. 댓글의 주 내용은 '위암 말기 환자가 어떻게 건강한 사람들도 하기 힘든 오디션 프로그램을 견뎌내고 생방송 무대에서 춤추며 노래할 수 있는가?'라며 거짓 암투병설을 제기하는 것이었다. 그리고 그에 대한 논란은 오디션에서 우승한 이후 사망할 때까지 계속돼 생전의 고인과 가족들을 괴롭혔다.

그의 주치의가 이미 환자의 병 상태는 위암 4기이며 항암 치료 과정을 잘 이겨내고 있다는 취지의 언론 인터뷰를 했고, 본인도 "암 4기라는 것과 말기 암은 다르다. 나는 말기 암 환자가 아니다"라고 직접 밝히기까지 했지만, 언론에서는 여전히 '암 말기'로 표현되었다.

암은 퍼진 정도에 따라 일반적으로 1, 2, 3, 4기로 분류된다. 1, 2기는 대부분의 환자가 완치되어 '초기(조기)'라고 불린다. 3, 4기로 갈수록 완치 확률이 낮아지며 '진행기'로 분류된다. 수술, 방사선 치료, 항암제와 같은 항암 치료에 더 이상 반응하지 않고 전신 상태가 악화되어 살 수 있는 기간이 2~3개월로 예상될 때만 '말기'라는 표현을 쓴다. 4기로 진단된 암의 대부분은 '진행기'이지 말기가 아니다. 최근 의학의 발전으로 원격 전이가 있는 4기 암 환자

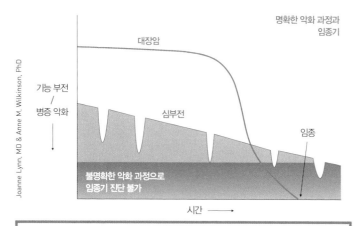

> **상단 그림** 대장암과 같은 암 환자의 말기 진단은 비교적 예측하기 쉬운 편이다.
> **하단 그림** 심부전과 같은 만성질환에서 악화/호전을 반복하면서 환자가 사망한다.
> 따라서 어느 시점을 기준으로 말기/임종기 진단을 할지는 어려운 결정이다.

도 적절한 항암 치료로 완치되곤 한다. 정확히 말하면 고인이 오디션에서 활동할 때는 '진행기' 상태로 항암 치료를 받고 있었고, 그 후 '말기' 상태가 되어 임종한 것이다.

의학 용어를 정확히 이해하지 못해 진단 시 초기 암이 아니면 '말기 암'이라고 잘못 표현하는 언론 기사가 많다. 암 환자의 '말기'는 임종을 준비해야 하는 단계에 접어든 이에게만 적용되는 용어다.

암 질환 이외의 만성질환에서는 악화와 호전을 되풀이하면서 환자가 임종에 이르기 때문에 말기/임종기 판정이 암 환자보다 훨씬 더 어렵다.

3
무의미한 연명의료 기술이란
무엇인가

연명의료결정법은 '연명의료'를 네 가지 의료 기술로 한정해 출발했다. 즉 임종 과정에 있는 환자에게 하는 심폐소생술, 혈액투석, 항암제 투여, 인공호흡기 적용의 의학적 시술로서 치료 효과 없이 임종 과정의 기간만 연장하는 것을 말한다.

2019년부터 시행령이 개정되어, 다음 의료 기술이 추가되었다.

1. 체외생명유지술(ECLS)

2. 수혈

3. 혈압상승제 투여

4. 그 밖에 담당의가 환자의 최선의 이익을 보장하기 위해 시행하지 않거나 중단할 필요가 있다고 의학적으로 판단하는 시술

다섯 가지 승압제로 연명하는 미숙아

서른다섯 살의 한 산모는 어렵게 임신을 했는데, 임신 24주차 때 초음파 검사를 했더니 "양수가 심각하게 부족한 상태로 판단돼 아이가 정상이 아닐지도 모른다"는 이야기를 들었다. 결국 임신 34주차 때 그녀는 미숙아를 조산했다. 아기는 2010그램으로 태어났는데, 여러 가지 기형이 있었다.

아이는 곧 신생아 중환자실로 옮겨졌고, 폐 기능이 저하된 상태라 인공호흡기를 부착했다. 더 큰 문제는 소변이 나오지 않는다는 것이었다. 양수를 형성하는 상당 부분이 태아의 소변인데, 이 아이는 콩팥이 제대로 형성되지 않아 양수가 부족했던 것이고, 출산 후에도 소변을 보지 못했다.

소변이 나오지 않으니 전해질 균형에 이상이 생겨 곧 혈액투석이 시작되었다. 또 다른 문제는 혈압이 유지되지 않는 것이었다. 혈압을 유지하는 중요한 호르몬이 콩팥에서 생산되는데, 그 기능이 제대로 작동하지 않는 것으로 추정되었다. 승압제를 투약해도 혈압이 유지되지 않아 강력한 승압제로 알려진 다섯 가지 약제를 주입해야 했다.

의료진도 가족도 아이가 회생 불가능하다는 걸 알고 있었지만 어느 누구도 나서서 연명의료중단 이야기를 꺼내지 못했다. 왜냐하면 법에서 어떤 방식으로 승압제를 중단하는 것이 적절한지까지는 제시하고 있지 않기 때문이다.

ECLS 및 폐 이식술을 요구하는 보호자

예순다섯 살의 여자 환자는 4년 전부터 소변에 심한 거품이 일어 검사를 받게 됐다. 검사 결과 환자의 소변에는 피와 단백이 섞여 나오고 있었다. 그녀는 여러 가지 치료를 받았지만 상태는 호전되지 않았다. 좀더 정밀한 진단을 하기 위해 입원한 뒤 콩팥 조직검사를 받았더니 막성 콩팥병증membraneous glomerulonephritis으로 확진되었다. 환자와 의료진은 적극적인 치료를 하기로 결정했고 강력한 면역억제제를 사용하기로 했다. 면역억제제 투약 후 두 달이 지난 시점에 심한 고열과 호흡곤란이 생긴 그녀는 응급실을 찾아왔다. 가슴 사진 촬영 등으로 폐렴이 확인돼 곧 입원했다.

고단위의 항생제를 사용했는데도 불구하고 그녀는 점점 악화되어 중환자실로 옮겨져 인공호흡기를 달았다. 상태는 여전히 좋지 못한 터였다. 마침 메르스가 유행하던 시점이라, 언론에 체외생명유지술Extracorporeal Life Support Program, ECLS이라는 새로운 연명의료 기술이 소개되었다. 환자 가족은 인공호흡기로 회생이 어려우면 ECLS를 적용해줄 것을 요구했다. 또 ECLS로도 호전되지 않으면, 폐 이식 수술까지 고려해달라고 요청했다.

의료진이 보기에는 환자의 면역 상태가 나빠 ECLS나 폐 이식으로 문제가 해결될 가능성이 낮았다. 그 후 환자는 급속도로 악화되더니 입원 후 24일째 사망했다.

중환자실
연명의료 중인 환자의 모습

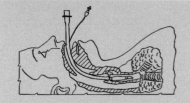

기관내삽관
인공호흡기를 필요로 하는
환자에게 필수적으로 이뤄
진다. 이렇게 삽입된 관에
인공호흡기를 연결한다.

인공호흡기

혈액투석

심폐소생술
심장이 정지되었을 때 소생
시키기 위해 이루어지는 시
술. 다음 URL의 동영상(서
울대학교병원 호스피스센
터 제작)을 볼 것을 추천함
(http://bit.ly/2q6CCqK)

4

복잡한 법,
현실적인 문제들

법이 시행된 지 3년이 지난 2021년 2월 기준으로 법정 양식을 작성하는 경우는 25퍼센트 수준이다. 나머지 75퍼센트는 연명의료결정법을 준수하지 못하고 있다. 환자의 의사를 확인할 수 있다면 연명의료결정법은 좋은 제도다. 또 의식이 없는 상태에서 연명의료의 '중단'에도 큰 어려움은 없다. 문제는 환자의 의사를 확인할 수 없을 때 벌어진다. 특히 연명의료 '유보' 결정에 많은 문제점을 지니고 있다.

① '유보'도 '중단'과 동일한 수준의 복잡한 서식 절차를 요구한다

인공호흡기와 같은 연명의료를 하다가 철회하는 경우를 '중단 withdraw'이라고 한다. 2009년 김 할머니 사건이 중단에 해당되며,

2018년부터 시행되는 법에 따라 합법적으로 이뤄질 수 있게 되었다.

인공호흡기를 사용하면 수일에서 수개월 생명이 연장될 수 있는데도 하지 않는 것을 '유보withhold'라고 한다. 김수환 추기경이 임종할 때, 인공호흡기를 거부하고 돌아가신 상황이 유보에 해당된다. 그런데 김 추기경의 연명의료 거부에 대한 문서는 본인이 아닌 다른 신부님이 서명한 것으로 되어 있다. 현행 연명의료결정법에 의하면 이것은 불법이다.

대부분의 나라에서 중단을 하는 데는 엄격한 법 적용을 하지만, 연명의료를 거부하는 유보는 DNR과 같은 간단한 서식으로 처리하고 있는데, 우리나라 법안은 유보도 중단과 동일한 수준의 복잡한 서식 절차를 요구하고 있다.

연명의료결정법 적용 대상 환자는 일년에 22만 명으로 추정된다. 가장 흔한 상황은 환자의 의사 확인이 불가능한 상황에서 연명의료 유보 결정이다.

사례 1 유명무실한 '자기결정권'

70대 후반의 할아버지가 기관지삽관 상태로 응급실에 실려왔다. 의식은 없었고 요양병원에서 구급차로 이송되었다. 10년 전 편도선암으로 수술과 방사선 치료를 받고 큰 문제없이 지내왔다. 올해 초 가슴 통증이 있어 검사를 받았더니 폐암이 추가로 발견되었다. 뼈와 간으로 이미 전이된 상태라 항암제 치료만 받기로 했다.

항암제 치료는 3주 간격으로 이뤄졌는데, 거동이 점점 힘들어져 치료받지 않는 기간에는 요양병원에 입원해 간병을 받고 있었다. 3차 항암제 치료를 받은 뒤 요양병원에서 폐렴 의심 소견을 내놓았고, 전신 상태는 점점 더 악화되었다. 일요일 오후 6시 의식이 저하되고 산소포화도가 떨어졌다. 맥박이 거의 만져지지 않자 요양병원 당직 의사는 심폐소생술을 15분간 시행했고 기관지 삽관을 했다. 인공호흡기가 없는 요양병원에서는 진료가 더 이상 불가능하다고 판단해, 구급차를 불러 서울대병원 응급실로 전원했다. 환자는 중환자실로 옮겨져 인공호흡기 등 연명의료를 받기 시작했다.

환자는 폐암 진단을 받은 직후 사전연명의료의향서를 작성해 무의미한 연명의료는 받지 않겠다는 본인 의사를 분명히 했으며, 국립연명의료관리기관 전산망에도 등록해두었다. 따라서 사망 과정에 들어선 환자는 법적으로 인공호흡기를 중단하고 편안히 임종할 권리가 있었다. 그런데도 3주간 중환자실에서 의식을 회복하지 못한 채 여러 가지 연명의료를 받았으며 고통스럽게 사망했다.

요양병원 당직 의사의 입장

보호자들은 당직 의사에게 환자가 사전연명의료의향서를 작성해 두었다고 구두로 전했지만 임종기임에도 불구하고 심폐소생술과 기관지삽관을 했다. 그 이유는, 요양병원은 의료기관윤리위원회를 구성할 역량이 없는 곳이 대부분이라 환자가 국립연명의료관리기관 전산망에 등록해둔 사전연명의료의향서를 확인할 방법이 없었고, 해당 병원은 임종기 판단이나 연명의료결정을 할 법적 자격이 없기 때문에 심폐소생술을 하지 않을 수 없었던 것이다.

환자 가족의 입장

환자가 법정 서식을 이미 작성해두었는데도 보호자(직계 자녀들) 중 어느 누구도 나서서 이미 적용된 인공호흡기를 중단하자는 의견을 주도적으로 제안하지 못했다.

서울대병원 의료진의 입장

환자 상태가 임종기라는 사실에는 이론의 여지가 없으나, 환자 가족이 적극적으로 중단 의사를 밝히지 않은 상황에서 의료진이 강제로 중단하는 것은 불가능했다.

의료기관 윤리위원회의 입장

환자는 사전연명의료의향서를 통해 연명의료를 원치 않는다고 표현한 반면 가족은 중단 결정에 미온적이었다. 이는 윤리위원회 안건으로 상정되었고, 환자의 자기결정권을 존중해 중단하는 것이 바람직하다고 결론 났다. 문제는 환자 가족의 협조 없이 강제 집행할 방법이 없다는 것이었다.

정부는 사전연명의료의향서로 본인 의사를 문서화하면 불필요한 연명의료를 받지 않고 편하게 임종할 수 있다고 홍보하고 있다. 하지만 의료기관 중 사전연명의료의향서 작성 여부를 전산으로 확인할 수 있는 병원은 8.4퍼센트에 불과하다. 요양병원이나 호스피스 같은 작은 규모의 의료기관은 의료기관윤리위원회를 두는 것이 현실적으로 불가능해, 연명의료결정을 할 법적 권한이 없을뿐더러 다른 기관에서 작성해 전산 시스템에 입력해둔 연명의료 관련 서류조차 열람할 권한도 없다.

2000년부터 말기 환자에 대해 연명의료결정법을 시행해온 타이완의 경우, 이런 문제점을 해결하기 위해 건강보험카드를 전자화해 환자의 사전연명의료의향서를 전자카드에 내장하도록 함으로써 어느 의료기관이든, 어떤 상황에서든 전산으로 바로 확인 가능하다.

자기결정권에 의해 연명의료결정을 할 수 있게 한다고 법을 만들었지만 정작 진료 현장에서는 입법 취지가 제대로 지켜지지 못하고 있다. 관련 절차를 합리적으로 개선해 말기 환자들이 불필요한 고통을 겪으면서 임종하는 일을 최소화하는 일이 시급하다.

② 자기결정권을 지나치게 강조한다

연명의료를 결정하는 방식 중 가장 이상적인 것은 환자 본인이 결정하는 것이다. 의료 분쟁이 많은 미국을 중심으로 이 원칙이 주로 적용되고 있다. 그렇지만 현실에서는 본인이 결정하기 어려운 상황이 대부분이다. 이 경우 '환자 입장에서 무엇이 최선인가를 가족과 의료진이 상의하여 결정한다best interests'는 원칙이 적용된다. 유럽과 일본이 이 방식을 택하고 있다.

우리나라 법률은 환자 본인이 직접 작성한 서류만 유효하다고 정의하고 있다. 가족 중심의 문화가 아직 큰 역할을 하고 있고 최근에는 1인 가구가 증가하는 한국에서 이런 기준은 많은 갈등을 일으킬 여지가 있다.

사례 2 아버지를 찾을 수 없는 아이의 연명의료결정

뇌혈관 기형으로 출생한 아이는 뇌출혈이 반복되어 여러 차례 수술을 받았다. 아이는 정상적인 활동이 불가능한 장애아가 되었고, 결국 입양 시설에 맡겨졌다.

어머니는 아이가 시설에 입소한 뒤에는 더 이상 연락이 닿지 않았다. 한편 아버지는 한동안 아이의 수술 등 치료 결정에 참여해왔지만 새 가정을 꾸리면서 최근 8년간은 연락을 회피하고 있었다. 그런데 최근 아이의 상태가 급격히 나빠져 입양 시설에서 대학병원 응급실로 옮겨졌다. MRI 촬영 결과 심한 뇌출혈이 관찰되었고, 의료진은 환자가 회생 불가능하다고 판단했다. 환자는 벌써 스무 살에 가까운 나이였지만, 연고자는 입양 시설에 입소한 이후에도 정기적으로 아이를 찾아왔던 고모밖에 없었다.

가족관계증명서에 아버지 이름이 아직 남아 있어 연락을 시도했지만 그는 전화를 받지 않았다. 간병에 도움을 주는 실질적인 보호자는 고모라 해도 그녀는 연명의료결정법상 의사결정을 할 수 있는 친권자가 아니었다.

경찰에 아버지를 추적해줄 것을 부탁했지만 개인정보보호법상 문제의 소지가 있다며 경찰은 난색을 표했다. 그 뒤 어렵게 아버지를 찾아냈고, 그가 연명의료계획서에 서명을 했다. 그 덕분에 환자는 무의미한 연명의료로 추가적인 고통을 받지 않은 채 생을 마감했다. 이런 경우 과연 아이를 버리고 간 아버지가 의사결정을 하는 것이 적절할까? 아니면, 실질적인 보호자인 고모가 결정하는 것이 더 타당할까? 법의 문제점을 생각하지 않을 수 없는 현실적인 사례다.

사례 3 현실을 반영하지 못하는 '가족관계증명서'

40대 후반의 남자 환자가 말기 암이 악화되어 연명의료결정이 시급한 상황이었다. 평소 사전연명의료의향서나 연명의료계획서를 작성해두지 않았고 의식이 사라진 터라 가족이 서식을 작성해야만 어느 선까지 연명의료를 할 것인지 결정할 수 있었다.

가족관계증명서를 먼저 확인하고 직계 가족의 동의를 받는 것이 원칙이지만, 문제는 밤 11시여서 환자의 가족관계증명서를 전산으로 발부받을 수 없는 상황이었다는 것이다(대리로 증명서를 발부받으려면 정규 근무 시간에 동사무소로 가야 한다). 환자의 아내는 환자의 부모님이 모두 돌아가시고, 남편으로부터 자기 외에는 다른 가족이 없다고 들었다고 했다. 둘 사이의 자녀는 아직 미성년자여서 12호 서식(연명의료중단등 결정에 대한 친권자 및 환자가족 의사 확인서)에 서명할 자격이 되는 이는 아내인 자기밖에 없다고 했다.

밤늦은 시각인 데다 빠른 결정이 요구되는 상황이라 당직 의사는 아내의 말을 믿고 서식을 작성한 뒤 연명의료를 시행하지 않았으며, 마침내 환자는 사망했다. 가족관계증명서는 이튿날 정규 시간에 아내가 발부받아 제출하기로 했다.

하지만 제출된 가족관계증명서에는 환자의 전처소생인 아들이 올라 있었고(이미 성인이었다), 시골에 늙은 어머니도 생존해 있는 것으로 나와 있었다. 아내는 남편이 전처와 이혼한 뒤 자기와 결혼한 것으로만 알고 있었을 뿐 노모와 숨겨진 아들이 있다는 사실은 듣도 보도 못했다고 말했다. 결국 작성된 연명의료 관련 법정 양식은 무효였다.

2018년 2월부터 연명의료결정법이 시행되면서 본인이 법정 양식을 직접 작성하는 경우는 3분의 1 수준이고 나머지 3분의 2는 가족이 대리 작성하고 있다. 직계 가족의 동의를 요구하지만, 자식을 노부모에게 맡기고 연락을 두절한 부모가 있는가 하면, 실제 동거하면서 간병하는 이가 법적으로는 혼인관계가 아닌 상황 등 다양한 가족관계가 나타난다. 그런데 법적으로는 가족관계증명서에 올라 있는 직계존비속의 동의가 있어야만 연명의료결정이 가능하다. 현실과 법률상의 괴리다.

일본도 2007년 국가 지침에는 친족 중심으로 의사결정에 참여할 수 있다고 정했다가, 2018년 가족의 범위를 '친족관계만을 뜻하지 않고 보다 넓은 범위의 사람을 포함'한다고 변경했다. 변화하는 가족관계를 반영하기 위한 취지다. 우리나라도 독거노인의 증가 등 가족 구조가 빠르게 변하고 있다. 사회적 변화에 부합하도록 법을 재정비할 필요가 있다.

③ 말기와 임종기의 구분이 쉽지 않다

우리나라 법에서는 호스피스 신청은 말기를 기준으로 하고, 연명의료결정은 임종기에 해야 한다고 정하고 있다. 미국, 유럽, 일본, 타이완 등에서는 말기와 임종기를 구분하지 않고 모두 terminal(말기)로 통일해서 적용한다. 임상 현장에서 말기와 임종기를 구분하는 것은 쉽지 않다. 암 외의 만성질환 환자에게서 이것은 더더욱 어려운 탓에, 이로 인한 혼선이 우려된다.

④ 규제 및 벌칙 조항이 많다

제도적으로 허용되지 않는 항목을 열거하고, 이에 포함되지 않는 것은 자율적으로 결정하는 제도(네거티브 시스템)여야 하는데, 법에 명시되지 않은 것은 모두 불법으로 규제하려 한다. 또 우리나라는 3년 징역형까지 처벌할 수 있는 등 복잡한 벌칙 조항을 두고 있다. 이로 인해 방어 진료의 일환으로 불필요한 연명의료가 조장될 위험이 있다(제6장 벌칙 제39조~제43조). 해외 사례를 살펴보면 타이완에서만 연명의료결정과 관련해 벌칙 조항(벌금)을 두고 있고, 다른 나라는 별도로 규정한 바가 없다.

의료진과 환자 가족이 공모해서 환자에게 불리한 결정을 할 수 있다는 것을 우려해 한국은 규제 중심으로 법과 시행령, 시행 규칙이 만들어졌다.

⑤ 많은 문서 작업을 요구한다

국제적으로 사전연명의료의향서AD, 연명의료계획서POLST, 심폐소생금지DNR 동의서 등 세 가지 서식 중 하나만 작성하면 된다. 반면 우리나라는 사전연명의료의향서, 연명의료계획서 외에도 임종 과정에 있는 환자 판단서, 연명의료중단 등 결정에 대한 환자 의사 확인서, 연명의료중단 등 결정 이행서를 추가로 작성하게끔 요구한다. 이런 문서는 의사 2인 이상의 확인을 필요로 하기 때문에 규모가 작은 의료기관(요양병원 등)에서는 수행하기 어려운 요구 사항이다.

또 환자 가족이 의사결정에 조금이라도 관여하게 되면 '가족관계증명서'를 통해 본인 여부를 의사가 확인하도록 하는 책임도 부과하고 있다. 특히 소수의 의사들이 근무하는 요양병원 같은 의료 시설에서 2인의 의사가 상주하는 것은 현실적으로 어렵다는 점까지 고려하면, 대부분의 선진국처럼 의사 1인의 판단을 전제로 법을 운영하는 것을 고려해야 한다.

⑥ 법으로 모든 상황을 규정하려 한다

미국의 Patient Self Determination Act는 2페이지 분량의 선

언적 입법이다. 대신 미국의사회의 윤리 지침Code of Medical Ethics에서 40여 페이지 분량의 자세한 지침을 제시하고 있다. 한국은 미국과 정반대다. 법안+시행령+시행 규칙+서식을 합치면 40페이지가 넘는다. 반면 대한의사협회의 윤리 지침은 1페이지다.

연명의료결정은 복잡한 의료 기술적인 문제와 환자, 가족의 가치관을 반영해 판단하는 과정이다. 이에 따르는 모든 문제를 법으로 규제하겠다는 것은 잘못된 발상이다. 진료 현장을 제대로 이해하지 못하는 사람들이 모여 법을 만들고 집행하겠다며 탁상공론을 반복해온 결과다.

⑦ 연명의료결정서는 POLST의 기본 정신을 도입하지 못했다

미국은 환자 본인이 사전연명의료의향서를 작성하게 만들어 연명의료 문제를 해결하려 했지만 20여 년간 법을 시행해도 작성률이 30퍼센트를 넘지 못하자 POLST 제도를 도입했다. AD와 POLST의 가장 큰 차이점은 POLST 제도에서는 본인뿐만 아니라 보호자(가족, 대리인 등)가 연명의료결정을 대신할 수 있게 인정한 것이다.

우리나라 법의 연명의료계획서는 미국의 POLST를 번역한 것이다. 문제는 우리는 미국과 달리 본인이 작성한 양식만 법적으로 인정하고 있다는 점이다.

⑧ 환자 의사 확인의 어려움

- 말기로 진단된 시점에는 대부분 의식 상태가 명료하지만, 임종에 이르면서 서서히 의사 표현을 할 수 없게 되고 의사 확인이 어려워진다.
- 따라서 어느 시점부터 의사를 확인할 수 없게 되었다고 신경학적으로 판단할지가 애매한 경우가 많다.

5
어떻게 대응할 것인가

우선 보건복지부가 의료기관용으로 발행한 '연명의료결정 제도 안내' 소책자를 참고할 것을 권유한다. 안내 책자에 모호한 표현이 있고, 진료 현장의 문제를 해결하기에 부족한 점이 많아 저자의 의견을 정리해보았다.

원칙 1. 자기결정권에 의한 연명의료결정을 강조한 법안이기 때문에 환자 본인의 의사를 문서(사전연명의료의향서 혹은 연명의료계획서)에 남기는 것이 가장 좋다.

원칙 2. 회생 가능성이 없다는 의학적 판단(말기 혹은 임종기)에 대한 개인적 오류를 최소화하기 위해 의사는 2인 이상이 서명을 해야 한다.

원칙 3. 환자 본인이 서명할 수 없는 상황에서 환자의 자기결정권을 추정하는 데는 가족 2인 이상의 일관된 진술과 서명이 있어야 한다.

일반인

건강할 때 작성할 수 있는 것이 사전연명의료의향서다. 현재 작성된 서류를 공식 등록하는 것이 가능한 기관은 다음과 같다.

각당복지재단 (070-7166-5583)
대한웰다잉협회 (041-911-5556)
사전의료의향서실천모임 (02-2281-2670)
충남대학교병원 (042-280-7106)

2018년 2월 이후에는 대부분의 대형 병원에서 이 서식을 작성해 등록할 수 있는 창구를 설치했다. 또 어느 기관에서 등록하더라도 전국 어느 병원에서나 확인할 수 있어 국가 차원의 전산망이 구축되었다.

환자

－ 사전연명의료의향서 혹은 연명의료계획서를 작성하면 된다.
－ 진료를 받고 있는 병원의 의료진에게 연명의료에 대한 본인의 의사를 밝히면, 설명과 함께 서식 작성에 대한 지원을 받을 수 있다.

가족

가족이 연명의료계획서를 직접 작성할 순 없지만 환자가 무의미한 연명의료를 평소 원하지 않았다는 뜻을 반영하는 데 역할을 할 수 있다. 임종에 임박한 시점에 가족 2인 이상이 환자가 연명의료에 대해 어떤 생각을 가지고 있다는 점을 일관되게 진술하고 서식에 서명하면 된다. 이때 '가족관계증명서'를 의료진에게 제시해야 한다.

요양 기관

− 연명의료결정법은 원칙적으로 의료기관에만 적용된다.
− 하지만 여러 질환을 가진 노인의 경우 사전연명의료의향서를 미리 작성해 등록해두면 위급한 상황에서 사용할 수 있다. 사전연명의료의향서는 의사의 서명을 요구하지 않기 때문에 의사가 상주하지 않는 요양 기관에서도 작성할 수 있다. 작성된 서식은 공식 등록 기관을 통해 전산 등록을 해야 효력이 발생한다.

의료기관

− 환자 본인이 자신의 병 상태를 파악하고 사전연명의료의향서 혹은 연명의료계획서에 서명하면 법적 분쟁 없이 연명의료결정이 가능하다.
− 환자 본인이 관련 서식에 서명할 수 없을 때는 임종이 임박한 시점에 가족 2인 이상이 환자가 연명의료에 대해 어떤 생각을

가지고 있다는 점을 일관되게 진술하고 서식에 서명하면 연명의료 결정이 가능하다. 이때 '가족관계증명서'를 의료진에게 제시해야 한다(제11호 서식. 연명의료중단등결정에 대한 환자 의사 확인서).

- 환자 상태가 갑자기 악화되어 심폐소생술을 해야 할지 혹은 중환자실로 가야 할지 짧은 시간에 결정해야 할 경우, 연명의료결정법에서 요구하는 서식을 모두 갖추기 어려운 일들이 발생할 것으로 예상된다. 이때는 의료기관에서 오랫동안 사용해온 '심폐소생술금지DNR 동의서'를 작성할 것을 추천한다. 현재 법에서는 DNR 서식의 법적 위치에 대해 구체적인 조항을 마련해두지 않았지만, 응급의료행위 여부에 동의를 받는 절차로서 문서화해두면 환자 가족과 의료진이 협의를 통해 결정되었음을 뒷받침하는 서류가 될 것이다.

- 중증 환자가 많은 의료기관에는 사전연명의료의향서를 작성하려는 환자가 늘어날 것으로 예상된다. 따라서 전담 창구를 마련해 사전연명의료의향서 등록 기관으로 지정받는 것을 추천한다.

- 요양병원의 경우 연명의료결정법의 적용을 받지 않는다는 주장은 사실이 아니다.

의료인의 설명 의무

- 환자가 연명의료계획서 작성을 요청하면 의료인은 설명할 의무가 있다.

- "연명의료중단등결정, 연명의료계획서 및 호스피스에 관한

정보를 제공할 수 있다"고 명시하고 있다. 따라서 모든 말기 환자에게 연명의료결정에 관한 업무를 수행할 의무는 없지만 여건이 허락되면 이를 수행할 것을 추천한다.

– 관련 법률 조항은 아래와 같다.

연명의료결정법 제10조(연명의료계획서의 작성·등록 등)

① 담당 의사는 말기 환자 등에게 연명의료중단등결정, 연명의료계획서 및 호스피스에 관한 정보를 제공할 수 있다.

② 말기 환자 등은 의료기관(「의료법」 제3조에 따른 의료기관 중 의원·한의원·병원·한방병원·요양병원 및 종합병원을 말한다. 이하 같다)에서 담당 의사에게 연명의료계획서 작성을 요청할 수 있다.

③ 제2항에 따른 요청을 받은 담당 의사는 해당 환자에게 연명의료계획서를 작성하기 전에 다음 각 호의 사항에 관하여 설명하고, 환자로부터 내용을 이해했음을 확인받아야 한다. 이 경우 해당 환자가 미성년자일 때에는 환자 및 그 법정 대리인에게 설명하고 확인을 받아야 한다.

응급 상황에서의 응급 환자

– 연명의료결정법이 아닌 '응급의료에 관한 법률'의 적용을 받는다.

– 전공의가 당직 중 심폐소생술이 필요한 응급 상황(보건복지부 발행 연명의료결정 안내 책자 사례)은 응급 상황으로 해석할 수 있다. 왜냐하면 죽음이란 항상 예측 가능한 것이 아니고, 갑자기 발

생하는 불확실성을 지니고 있기 때문이다.

- 이 경우 연명의료계획서 작성이 불가능하기 때문에 심폐소생술을 하는 것보다 DNR 서식 작성을 통해 환자에게 불필요한 고통을 주지 않는 방향으로 의학적 결정을 하는 것이 윤리적이다.

의료기관윤리위원회

- 연명의료결정에 관한 논의에서 분쟁이 발생하면 의료기관윤리위원회에서 결정하게 되어 있다. 따라서 병원마다 이미 존재하고 있는 병원윤리위원회나 의료윤리위원회가 재정립되어야 할 것이다. 왜냐하면 현재의 윤리위원회는 병원 내 의료분쟁조정위원회의 역할을 해오던 것이 대부분이므로 연명의료결정과 같은 윤리 문제를 전문적으로 다루는 조직이 필요하기 때문이다.

- 의료기관윤리위원회는 수시로 소집되어 빠른 결정을 하기 어려운 조직이다. 이런 문제를 해결하기 위해 시행 규칙 제10조에 윤리위원회를 지원하는 전담 기구 또는 전담 인력을 둘 수 있게 규정하고 있다.

- 임상윤리자문팀ethics consultant을 두어 환자 및 가족과의 대화를 활성화하고, 의료진의 자문에 응하는 방식이 실질적으로 이 문제를 해결해나가는 길이다. 자문형 호스피스 팀의 활동 영역과 비슷하므로, 작은 규모의 의료기관에서는 호스피스 팀과의 업무 연계를 고려할 수 있다.

- 공용윤리위원회: 작은 규모의 의료기관에서는 독자적으로

의료기관윤리위원회를 설립하고 유지하는 것이 불가능하다. 이런 점을 고려해 법안에서는 공용윤리위원회를 지정하고 자문에 응하도록 규정하고 있다. 이 제도가 정착되기까지는 많은 시간이 걸릴 것으로 예상된다.

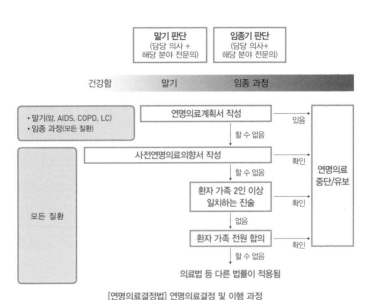

[연명의료결정법] 연명의료결정 및 이행 과정

서울대학교병원 의료기관윤리위원회가 마련한 연명의료결정 방안을 정리해보면 다음과 같다.

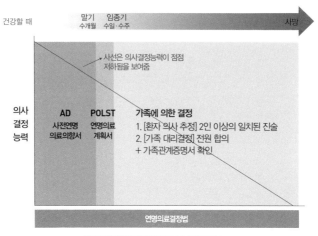

[연명의료결정법] 연명의료중단 프로세스

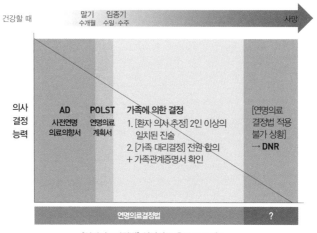

[연명의료결정법] 연명의료 유보 프로세스

제5장

돌봄의 가치

: 호스피스와
완화의료를
받는 사람들

호스피스,
치료와 돌봄

'호스피스hospice'는 라틴어 호스피탈리스hospitalis와 호스피티움 hospitium에서 기인했다. 호스피탈리스는 주인이란 뜻에서 병원이 란 의미로 바뀌었고, 호스피티움은 주인과 손님 사이의 따뜻한 마 음에서 이러한 마음을 표현하는 장소로 변천해 오늘날의 호스피 스란 말이 생겨났다고 전해진다. 오늘날 호스피스는 이제 암과 같 은 질병으로 인해 말기 환자로 진단받은 사람이 자신의 품위와 인 격을 최대한 지키며 고통 없이 남은 삶을 보내도록 도와주는 것을 의미하게 되었다.

초기 호스피스는 의료라기보다는 사랑과 봉사를 강조한 종교 적인 사명감에서 이뤄졌다. 중세 호스피스는 순례자와 나그네들 이 쉬어가는 곳으로, 쇠약해진 몸을 회복해 다시 여행길을 떠나도록 하거나 병든 몸을 누일 피난처 역할을 했다. 근대에 들어와서는 1879년 더블린에 성모 호스피스Our Lady's Hospice가 설립되었고 1905년에는 런던에 성 요셉 호스피스Saint Joseph's Hospice가 세워졌다. 당시에는 주로 영적 돌봄과 간호가 이뤄졌지만, 이를 기점으로 호스피스는 임종 환자를 보살피는 기관으로 정착했다.

그러나 영적 돌봄과 간호만으로는 환자의 임종 과정이 무척 고통스럽고 이를 지켜보는 가족들의 부담도 커 말기 환자의 통증이나 기타 증상을 완화하려는 연구가 진행되었다. 1935년 미국 하버드 의대 우스터 박사는 의대생을 위해「노약자와 죽어가는 사람을 보살피는 법」을 썼고, 런던의 성 루가 병원과 성 요셉 호스피스를 중심으로 임종 환자의 고통을 바르게 이해하고 그들의 고통을 줄이는 방법을 찾으려는 완화의학을 탄생시켰다.

1960년대 이후 개별적인 호스피스, 가정 치료, 지속적인 치료, 암성 통증 등 증상 조절이라는 새로운 분야가 포함된 현대적 의미의 호스피스가 발전했다. 즉 말기 환자에 대한 의학적인 치료와 연구를 한층 발전시킨 완화의학palliative medicine과 함께 호스피스도 더욱 전문화되어가고 있다.

호스피스는 단순한 '사회봉사 활동' 혹은 '간병' '간호'와는 다르다. 이는 의료와 사회복지, 종교와 철학 영역을 아우르는 포괄적인 개념으로, 환자를 위한 치료·돌봄의 장소인 동시에 그러한 정신을 나타낸다.

죽음은 더 이상 현대 의료의 실패작이 아니라 인간이라면 누구나 맞이하는 고귀한 삶의 마무리이며, 현대 의료가 담당해야 할 몫은 환자가 편안히 죽음을 맞을 수 있도록 도와주는 것이라는 철학, 이로써 전인적인 접근으로 말기 암 환자의 삶의 질을 향상시키고 인간의 존엄성을 마지막까지 지켜주는 것이 바로 호스피스 정신이다.

우리나라는 아시아 지역에서 호스피스를 최초로 시작했다(1965년 강릉 갈바리 호스피스). 그러나 일본, 타이완, 말레이시아 등 대부분의 나라가 오래전 호스피스를 정규 의료 제도로 포함시킨 데 비해 한국은 2017년에야 건강보험제도에 정식으로 편입되었다. 매년 23만 명의 새로운 암 환자가 생겨나고, 이 중 8만여 명이 암으로 사망하는데도 호스피스는 종교 단체가 행하는 자선운동의 한 형태 정도로만 인식되어왔다.

암 환자가 주 대상이 되는 호스피스 제도가 제대로 갖춰지지 않은 우리나라에서 말기 암 환자들은 적절한 의료 서비스를 받지 못하고 있다. 많은 환자가 항암 치료를 받아오던 종합의료기관의 응급실을 방문하고, 장기간 입원치료를 받으며, 중환자실에서 인공호흡기에 의존하여 연명하기도 한다. 한편 일부 환자는 통증 조절 등 원하는 의료 서비스를 전혀 받지 못해 비정상적인 경로(민간요법, 기도원 등)에 의존하기도 한다.

인구의 노령화와 함께 암과 같은 난치성 질환으로 임종 과정에서 고통받는 환자들은 점점 늘어날 것이다. 환자뿐 아니라 가족까지도 겪게 되는 고통은 당사자의 책임으로만 넘기기에는 너무나

큰 부담이다. 호스피스는 이러한 고통을 사회가 나누기 위한 대안
이기도 하다.

2

생의 마지막 고통에 직면하여

: 한국 호스피스의 방향

사례 1 항암제라는 이름의 '꿈'

스물아홉 살의 건장한 청년 A씨는 목에 생긴 멍울로 내원했다가 조직검사 후 악성림프종으로 진단되었다. 항암제 치료를 받고 일단 호전되었지만 1년 뒤 재발해 2차 항암 치료를 했다. 이후 재발 위험을 줄이려고 조혈모세포이식도 받았지만 1년이 지나자 또다시 재발해 3, 4차 항암제 치료에 들어갔다. 하지만 항암제는 더 이상 효과를 보이지 않았고, 부작용으로 인해 환자의 몸 상태는 점점 더 나빠졌다.

종양내과 의사로서는 이때가 가장 힘든 순간이다. "부작용으로 인한 손해가 더 크게 나타날 수 있기 때문에 항암제 시도를 더는 하지 않는 것이 환자를 위한 최선입니다"라는 말을 하는 순간, 의사의 역할은 환자에게 희망을 주는 위치에서 희망을 짓밟아버리는 쪽으로 바뀌기 때문이다.

지난 3년간 입원과 외래 진료를 반복하며 항암 치료 중 고통스럽고 힘든 시간을 묵묵히 견뎌낸 청년도 순식간에 무너졌다. 아무 말 없이 얼굴을 돌려버린 그는 식사도 거부한 채 누워 있기만 한다고 했다.

런던의 한 대학병원에서 "완치될 가능성은 1퍼센트이지만 심각한 부작용이 우려되는 치료를 받을 의향이 있는가?"라는 질문을 하자 일반인 19퍼센트와 의사 12퍼센트가 이에 찬성한 반면, 암 환자들은 53퍼센트가 동의했다는 연구 결과가 나왔다.

한편 2012년 미국 하버드 대학 연구에서 진단 시점부터 전이가 있어 완치가 어려운 4기 암 환자 1193명을 대상으로 조사한 결과, 미국 의사들은 비교적 정확하게 병의 상태를 환자에게 직접 설명함에도 불구하고, 폐암 환자의 69퍼센트, 대장암 환자의 81퍼센트가 완치 가능성이 거의 없다는 사실을 이해하지 못한 채 항암제 치료를 받고 있었다.

항암제 치료에 모든 것을 걸고 있는 환자의 꿈을 적극적으로 부정하지 않고 싶은 의사의 마음과 의사의 설명 중 희망적인 것만 듣고 싶어하는 환자의 마음이 그대로 반영된 위의 연구 결과들은 "Medicine is the daughter of dreams"라는 그리스 철학자의 말을 다시 떠올리게 한다.

사례 2 죽은 사람 취급을 하다니!

70대 초반의 할아버지가 몹시 화난 표정으로 외래진료실에 들어왔다. 왜 화가 나셨냐고 물으니, 그동안 진료해오던 비뇨기과 의사가 자신을 '죽은 사람 취급했다'는 것이었다.

환자는 1999년 신장암으로 진단되어 수술을 받았지만 여러 차례 재발되었다. 항암제를 여러 종류 투약받았으나 호전과 악화를 왔다 갔다 했다. 최근에는 암이 뼈로 전이되어 심한 통증 때문에 방사선 치료도 두 차례 받았다. 또 암이 방광을 침범하면서 심한 혈뇨가 계속돼 비뇨기과에서 방광경 시술도 여러 번 받으면서 고비를 넘겨왔다.

최근에는 악화되는 속도가 빨라지고 항암 치료에 반응이 없어 말기에 임박했다고 판단되었다. 경상북도 시골 마을에서 한 달에도 몇 번씩 진료를 받으러 서울로 오는 것 자체가 힘들어 보였다.

그러던 중 바로 얼마 전 비뇨기과 진료를 받으면서 담당 의사가 이젠 혈뇨가 재발해도 서울로 오지 말고 거주지역 의료기관에서 진료를 받으라면서 다음 예약을 잡아주지 않았던 것이다. 환자는 지난 19년간 수시로 방문한 의료기관으로부터 더 이상 오지 말라는 통보를 받고 크게 화가 난 것이었다.

객관적으로는 임종에 임박해 혼자 거동하기도 점점 힘들어지는 상태였던 터라 간병 계획도 세우고 연명의료계획서도 작성해야 하는 시점이었다. 누군가가 솔직하게 환자에게 몸 상태를 알려야만 했는데 아무도 못 했고, 결국 환자는 담당 의사의 말을 이렇게밖에 받아들이지 못했던 것이다.

사례 3 농약을 친 음식을 먹는 느낌

70세 여성이 직장암으로 4년 전 수술을 받았다가 이후 폐 전이가 발견되어 항암제 치료를 받아왔다. 2년간 항암 치료를 받았지만 점점 악화되었다. 한 달 전 외래에서 항암제 투약은 더 이상 하지 않는 게 좋겠다고 말씀드렸다. 환자는 계속 기침을 하면서 초췌한 모습으로 무의미한 연명의료는 하지 않겠다는 '연명의료계획서'를 본인 손으로 직접 작성하고 가셨다.

오늘은 한 달 만에 외래를 방문했는데, 의외로 밝고 편안한 표정으로 이러저런 이야기를 즐겁게 하셨다. 검사 자료상으로는 암이 호전되었다는 객관적인 증거가 없었다.

그녀는 항암제를 중단하고 삶이 얼마나 달라졌는지에 대해 길게 이야기를 늘어놓았다. 지난 2년간 가장 괴로웠던 점은 음식에 대한 맛을 잃었던 것이라고 했다. 모든 음식이 농약을 친 느낌이었는데, 살려고 억지로 먹었던 것이다. 실제 농약이 섞인 음식물을 맛봤을 리는 없을 테고 고통이 얼마나 컸는지를 이렇게 표현한 것이리라.

항암제를 중단한 후 예전 입맛이 조금씩 돌아온 게 너무나 기쁘고 자신감까지 불어넣어 하루하루가 즐겁다고 했다. 항암 치료 때문에 서울 딸의 집에 장기간 머물러왔는데, 다음 주에는 오랜만에 경남 시골에 있는 집에 내려가볼 참이라고 한다.

매일 비슷한 메뉴의 병원 구내식당 밥을 기계적으로 먹어왔는데,
오늘은 김치, 된장, 밥 한 알 한 알이 새로운 맛으로 다가왔다.

우리나라 암 환자들의 불행한 임종

호스피스가 암 환자에게 국한된 문제는 아니지만, 현실적으로 이
들이 대부분을 차지하므로 여기에 초점을 맞춰보자. 우리나라에서
말기 암 환자들은 알맞은 의료 서비스를 받지 못하고 있다. 병원에
서 임종하는 암 환자가 늘고 있는 까닭에 말기 암 환자의 10퍼센
트는 가정에서, 나머지 90퍼센트는 병원에서 사망하고 있다. 그런
데 가정에서 임종하는 환자는 의료 제도에서 거의 소외된 가운데
심한 고통을 겪는 반면, 병원에 입원해 임종하는 환자들은 '무의
미한 의료 행위'에 노출되고 있어 이로 인한 윤리적 갈등과 경제적
손실이 막대하다.

왜 한국에서는 잘 안 될까

암은 1, 2차 의료기관에서 검진을 시작하며 확진과 치료를 받게
되는 곳은 상급종합병원이다. 암이라는 질환의 특수성으로 인해
여러 분야의 전문의가 있고 첨단 진단 장비 및 치료 기구를 갖춘
대형병원이 선호되기 때문이다. 그런데 암 환자 진료 현황을 선진
국들과 비교해보면 국내의 진단과 치료 과정은 세계에서 상위권에

속하는 반면(CT, MRI, PET와 같은 고가 장비의 국민 1인당 설치 비율은 세계 5위권 이내), 말기 환자에게 필요한 호스피스·완화의료 수준은 세계 최하위에 머물고 있다.

의학이 발전했는데도 말기 암 환자에 대한 의료 제도가 이처럼 낙후된 이유는 무엇일까? 우리나라 의료는 환자를 어떻게 하면 치유cure할 수 있는가에 큰 비중을 두고 있다. 그러다보니 어떤 시점에 완치될 가능성이 없다고 판단되면 거의 관심을 기울이지 않고 환자를 돌보는care 데 소홀히 한다.

이는 국민이 편안한 임종을 맞을 수 있도록 의료 제도를 발전시켜온 영국과 같은 나라와는 극명히 대조되는 부분이다. 한국은 의료의 사회문화적 영역을 충분히 고려하지 않고 기술 중심으로 발전해오면서 '전인치료'의 중요성을 간과하고 있다.

환자를 보살피지 않는 의료 제도

우리나라는 호스피스뿐만 아니라 의료 제도 전반에 있어 환자의 보살핌에 대한 부분이 미흡하다. 건강보험제도는 환자가 의료기관을 방문해 받게 되는 검사나 투약을 기준으로 수가 체계가 짜여 있다. 따라서 진료비의 대부분을 검사료나 약가가 차지하고, '환자와 의료인의 만남'인 진료 행위 자체는 중요시되지 않는다. 즉, 환자를 중심으로 이뤄지는 진료 행위보다는 관리하기 쉬운 검사, 시술, 약 등에 기준한 제도인 것이다.

그 결과 의사들은 시간 여유를 가지고 환자와 상담하기보다는 짧은 시간 안에 많은 수의 환자에 대해 검사를 의뢰하고 처방전을 발부해야 한다는 보이지 않는 제도적 압박 속에서 매일을 보낸다. 또 OECD 국가 평균의 3분의 1 수준의 저수가 정책으로 인해 진료량을 선진국의 세 배 수준으로 유지하지 않고는 늘 생존하기 어려운 한국의 의료진들은 지쳐 있다. 이런 환경에서 환자와의 대화와 의사의 진찰에 근간을 둔 진료 형태인 '왕진'과 같은 제도는 당연히 살아남을 수 없다. 환자의 상태가 어떻든 간에 의료기관으로 와야 진료를 받을 수 있고, 거동하기 어려우면 구급차를 불러서라도 와야 한다. 의료의 기본인 환자와 의료인의 만남보다는 검사나 약 같은 이차적인 것들이 중시되고, 고통받는 환자보다는 관리하기 편리한 제도에 초점을 맞춘 결과 다음과 같은 문제가 야기되고 있다.

사례 4 간병은 누구 책임인가?

40대 남자 환자가 병실 옆 연결 계단에 쓰러져 있는 게 새벽 4시에 발견되었다. 정맥주사 연결관은 빠져 있었고, 환자복 하의에 많은 혈액이 묻어 있었다. 의식이 돌아온 환자는 그 정황을 제대로 기억하지 못했다.

환자는 3개월 전 급성백혈병으로 진단돼 항암제 치료를 받아 일시적으로 호전되었다가 뇌척수막으로 전이되면서 점점 악화 일로를 걷고 있었다. 폐렴 때문에 중환자실에 다녀온 뒤부터는 불면 증세로 밤새 병실을 배회하는 불안한 모습을 보이곤 했다. 증세는 밤에 악화되어 눈을 감았다가도 깜짝 놀라 깨는 현상이 반복적으로 나타났다. 의료진은 질병 악화로 인한 섬망증세가 아닌가 의심해 진정제 투약을 시작했다.

섬망증세의 악화로 사고 가능성이 높아 의료진은 가족에게 24시간 간병할 보호자가 필요하다고 강력히 요구했다. 하지만 아내는 일곱 살 난 아이가 집에 혼자 있기 때문에 밤에는 집에 가야 한다고 했다. 경제적 여유가 없어 간병인을 고용할 수 없었을뿐더러 가까운 친척도 없어 야간에는 간병이 불가능하다고 했다.

새벽에 쓰러진 날 저녁 9시경, 환자는 심정지 상태로 일반 병실에서 발견되었다. 발견 당시 수액 라인이 빠져 있었고 환자 옷에 피가 상당량 묻어 있었던 정황으로 미루어 자살을 시도한 게 아닌가 의심됐지만 명확한 증거는 없었다. 심폐소생술 후 중환자실로 옮겨졌으나 사망했다.

완치가 될 순 없는 상태였지만, 24시간 간병하는 사람이 있었다면 이런 비극적인 임종은 피할 수 있지 않았을까? 그렇다면 간병은 누구 책임인가?

우리나라 건강보험은 가족이 간병하는 것을 전제로 짜여 있다. 간호사 1인이 10~20명의 환자를 책임지는 상태에서는 환자를 적극적으로 간병하는 것은 불가능하다. 이런 이유로 중증 환자가 입원하면 환자 병상 옆에 보호자용 침상을 두는 병원이 대부분이며, 가족 혹은 개인적으로 고용된 간병인이 그 침상에서 잠자는 모습을 쉽게 볼 수 있다. 최근 '간호간병통합서비스 시범사업'을 통해 간호사가 간병까지 책임지는 제도를 시도하고 있지만 시범 사업 수준이다.

효능이 충분히 입증되지 않아 선진국에서도 보험 급여를 꺼리는 고가 의료 기술의 급여화보다 의료 제도가 가장 먼저 보장해주어야 하는 것은 '간병care'이다. 또 고가의 약에 대한 급여화로 발생하는 수익의 대부분은 다국적 기업들이 챙겨가겠지만, 간병에 대한 투자는 한국인의 고용 창출로 이어질 것이다.

건강보험제도가 시작되던 40년 전 대가족 시대에는 가족이 간병을 책임지는 게 가능했을지 모르지만, 지금은 가족 구조가 크게 달라졌다. 의료의 출발은 간병이다.

• 응급 의료 과부하

응급실을 방문하는 환자의 상당수는 말기 암 환자다. 이 중 진정한 의미의 응급 상황도 있지만, 대부분은 가정에서 감당하기 어려워 응급실을 방문한다. 이 환자들은 호스피스·완화의료가 해결해야 할 문제이지, 응급 의료가 부담을 질 부분이 아니다. 즉, 이 문제에 대한 해결책이 마련되지 않으면 중증 외상 환자 같은 긴급한 환자를 진료하는 데 큰 지장을 줄 수밖에 없다.

• 상급종합병원 장기 입원

집으로 돌아가서 환자를 간호하는 데 어려움이 예상될 경우 환자와 가족들은 퇴원을 거부하고 상급종합병원에서 장기 입원 환자로 남게 된다. 이로 인해 급성질환자의 상급종합병원 입원이 지연되는 악순환이 되풀이되고 있다.

• 1, 2차 의료기관 병실 활용률 저하

말기 암 환자는 거주지 근처의 의료 시설을 이용하는 것이 가장 이상적이다. 그러나 거주지의 의료기관은 임종 환자를 진료하다가 의료 분쟁에 연루되지 않을까 하는 우려, 마약성 진통제를 취급하는 데 따르는 어려움 등으로 이들 환자를 받아들이지 못하고 있다.

사회가 보호해야 한다

우리나라 영안실은 호텔 수준의 시설을 갖춰 세계 최고를 자랑하는 반면, 임종 환자를 위한 '임종실'을 갖춘 병원은 드물다. 규모가 큰 종합병원에서는 매일 환자들이 임종하고 있는데, 1인실에서 사망한다면 임종 과정의 경험이 그 가족에 국한되지만, 대부분의 환자는 다인실에서 함께 입원해 있던 환자나 그 보호자들이 지켜보는 가운데 죽음을 맞는다.

육체적 편안함뿐만 아니라 정신적으로도 가장 안정된 분위기에서 임종하도록 배려하는 것보다 임종 후 영안실이 더 중요한 우리의 사회문화는 호스피스 제도가 제대로 정착하지 못하는 큰 요인이다. 의료인의 역할이나 의료 제도도 중요하지만 사회가 이 문제에 대해 근원적인 해결책을 구하고자 진지한 접근을 하지 않는다면 호스피스 사업은 구체적인 성과를 거두기 어렵다.

호스피스 제도 정착을 위해 해결해야 할 또 다른 문제는 연명의료결정에 관한 사회적 합의다. 호스피스 제도에 반대하는 사람은 없을 것이다. 그런데 호스피스가 이뤄지려면 '무의미한 의료'의 중단이 전제되어야 하는데, 이에 대한 견해차는 좁혀지지 못하고 있다. 연명의료를 계속하면서 호스피스 진료를 함께 한다는 것 자체가 모순인데, 사회가 '연명의료를 중단하는 것'에 대해서는 과민반응에 가까울 정도로 거부감을 나타내고 있다.

따라서 '회생 가능성'과 '연명 가능성' 여부는 구분하여 검토되어야 한다. 회생 가능성은 없으나, 장치를 이용하면 연명 가능성이 높은 환자가 점점 증가하고 있다.

회생 가능성이 없으며 연명 가능 기간도 짧은 말기 암, 후천성면역결핍증, 만성 폐쇄성 호흡기 질환, 만성 간경화 환자가 호스피스에 대한 건강보험 적용 대상이 되었다. 그러나 회생 가능성은 없으나 연명 가능 기간이 긴 환자들에 대한 결정은 결코 쉬운 문제가 아니다. 따라서 현재의 의료 상황에서 존엄하게 죽으려면 연명의료결정을 어떻게 하는 것이 적절한지, 사회도 함께 논의에 참여해야 할 것이다.

제도엔 근본정신이 반영되어야 한다

무엇보다 제도화가 관건이다. 여전히 많은 사람이 호스피스를 자선이나 종교활동의 일환으로 이해하고 있다. 그러나 호스피스는 본질적으로 의료 문제이며, 의료 제도의 한 축으로 정착해야만 제 기능을 할 수 있다.

상급종합병원에서 '무의미한 의료 행위'로 낭비되는 재원을 절약하면, 가정에서 제대로 진료도 받지 못한 채 임종하고 있는 환자들도 지원 가능하다. OECD 국가들과 견줘볼 때 우리나라에서 급성질환자를 위한 병상 수는 공급 과잉 상태인 반면, 호스피스 병상 수는 부족하다. 1, 2차 의료기관의 병상을 호스피스와 같은 목적으로 전환한다면, 새로 호스피스 시설을 건립하지 않고도 호스피스 진료가 가능하며, 이로써 1, 2차 의료기관의 경영 개선 효과와 함께 상급종합병원에 장기 입원하는 현상도 완화될 것이다.

호스피스·완화의료 제도가 확립되어 있지 않은 탓에 발생한 의료 전달 체계의 왜곡 현상은 제도화를 통해 바로잡아나가야 한다. 호스피스·완화의료 제도가 정립되지 않아 발생했던 의료 자원의 낭비를 절약한 재원만으로도 호스피스 제도를 정착시킬 수 있다. 행위 중심의 현행 의료 제도의 문제점을 개선하는 출발점으로 호스피스·완화의료의 중요성이 부각되어야 한다.

나아가 사회적 합의가 이뤄져야 한다. 의료인의 노력과 제도화도 중요하지만 호스피스 정신이 제대로 구현되려면 임종 환자에 대한 사회적 인식 변화도 뒤따라야 한다. 오랜 논의 끝에 호스피스 및 연명의료결정에 관한 법이 시행된다. 이 문제는 법을 집행하고 범법자를 처벌한다고 해결될 일은 아니다. 어떤 모습으로 삶을 마무리하는 것이 바람직한지 새로운 '임종 문화'를 정착시켜가야 할 때이다.

사례 5 일시 귀국한 재미교포의 고민

40대 후반의 재미교포 남성이 외래진료실로 들어섰다. 한 손에는 미국 의료기관의 두터운 진료 기록 복사본 묶음을, 다른 한 손에는 조직검사 슬라이드를 들고 있었다. 올해 4월부터 목에 혹이 만져지기 시작했는데 점점 커져서 8월에 조직검사를 받았더니, 폐암으로 진단되었다. 추가 검사에서 뇌와 뼈에도 암이 전이된 것이 확인되어 수술은 불가능하다고 판단했고 항암제 치료를 시작한 터였다. 다행스러운 점은 폐암 조직에서 EGFR 유전자의 돌연변이가 관찰되어 표적치료제를 사용할 수 있었고, 투약 후 암이 줄어들면서 몸 상태가 호전되었던 것이다.

이번에 한국을 방문한 이유는 자신의 병에 대한 다른 의료진의 의견을 들어보기 위해서였다. 환자는 질문지를 미리 작성해왔고, 하나씩 확인해나갔다.

오진의 가능성은 없는지? 투약 중인 항암제는 제대로 선택된 것인지? 표적치료제는 평균 1년가량 효과를 보이다가 약제 내성이 생겨 악화된다는데, 그 뒤로는 어떻게 대처해야 하는지? 최근 폐암에서도 효과가 있다는 '면역항암제'를 사용하는 것은 어떤지?

이런 질문과 답이 오갔다.

미국의 유명 대학병원 암센터에서 진료 중이었고, 의료기술적인 면에서 이견은 없었다. 마지막으로 환자는 앞으로 발생할 상황에 대해 종양내과 의사로서 조언을 해달라고 요청했다.

"만약 환자의 상태가 나빠지면 돌봐줄 사람은 누구인가요?" 하고 물었더니 그는 더 이상 말을 잇지 못했다. 항암 치료로 암을 극복할 방안을 찾는 데 전념하고 있었고, 악화될 수도 있다는 점에 대해선 미처 생각해보지 못했다고 했다. 환자는 미국으로 이민 가서 아직 결혼하지 않은 채 독신으로 지내왔고, 상태가 악화되어 한국으로 돌아오더라도 늙은 어머니는 자신을 돌볼 처지가 못 되며 형제들에게 신세지는 것은 원치 않는다고 했다.

항암 치료에 반응하는 상태가 무한히 지속된다면 '돌봄'의 문제는 크게 걱정할 일이 아닐 수도 있다. 하지만 이 환자처럼 진행된 폐암에서는 약제 내성이 생겨 급속히 악화될 위험이 언제나 존재한다. 치료 계획도 중요하지만 간병 계획도 미리 세우는 것이 필요하다.

3

의료 사각지대

: 말기 암 환자 진료

사례 1 말기 암 아버지를 죽인 아들

2013년 1월 쉰여섯 살의 남자가 두통으로 병원을 찾았다가 뇌종양 진단을 받았다. 환자는 수술을 해도 낫는다는 보장이 없다는 의료진의 설명에 수술을 포기했다. 그는 평생 포천 지역에서 남의 땅을 빌려 농사를 지어온 평범한 농부였다. 스물일곱 살 먹은 아들은 고등학교 졸업 후 공익 근무를 마치고 공단에서 비정규직으로 일하고 있었다. 스물아홉 살인 큰딸은 전업주부, 스물여덟 살인 둘째 딸은 요양원 요양보호사였다.

통증이 점점 심해지자 그는 집 근처 의원과 약국에서 진통제를 구해서 먹었지만 병원 입원치료는 거부했다. 암 환자는 의료비의 5퍼센트만 본인이 부담하게 되어 있으나 실제로는 추가되는 진료비가 있기 때문이다. 그의 가족은 차상위 계층에 속했고, 경제적으로 넉넉하지 않았지만 의료급여 대상 요건에는 해당되지 않았다. 둘째 딸이 자신이 근무하는 요양원에 아버지를 모시려 했으나 65세 이상 노인에게 혜택을 주는 노인장기요양보험 대상이 아니라고 거절당했다. 결국 환자는 큰딸 집에서 큰딸 가족의 간병을 받게 되었다.

환자는 상태가 점점 악화되어 심한 고통에 시달렸고, '내 손목을 좀 그어달라'며 가족에게 자신을 죽여주기를 요구하기도 했다. 9월 6일 한 차례 혼수상태를 겪고 의식을 되찾았다. 9월 8일 큰딸이 아들에게 '이제 그만 아버지를 고통 없이 보내드리자'고 했고, 아들은 두 차례 거절했지만 결국 거실에서 잠을 자고 있던 아버지의 목을 지그시 눌렀다. 9월 11일 화장으로 장례를 마치고 난 후 아들이 둘째 딸에게 '아버지를 죽게 했다는 사실이 괴로워 나도 죽겠다'는 메시지를 보냈다. 둘째 딸은 바로 112에 신고했고, 경찰은 가까운 저수지 근처에서 아들을 검거했다.

국민참여재판으로 진행된 1심에서 존속살해혐의로 구속 기소된 아들에게 징역 7년, 큰딸에게 징역 5년이 선고되었다. 또, 존속살해방조혐의로 기소된 56세 부인에게는 징역 2년, 집행유예 4년이 선고되었다. 재판부는 '설사 오늘 죽는 사람, 사형수라고 할지라도 오늘 죽이면 살인'이라며 '돌아가신 분의 죽여달라는 의사를 함부로 추정할 수 없다'고 판시했다. 한편 2014년 항소심에서는 아들과 큰딸의 형량이 각각 징역 3년 6개월로 감형되었다. "아버지가 극심한 고통을 호소함에도 가족이 경제적 궁핍으로 의료 시설에서의 처치나 자가 내에서의 의료 처치도 해줄 수 없는 부득이한 상황에서 회복 불가능성, 임종 임박 등을 염두에 둔 판단으로부터 비롯된 범행으로 보인다"는 게 감형 이유였다. 또한 아들이 아버지의 죽음에 대한 죄책감으로 정신과 치료를 받고 있으며, 딸이 뇌종양 진단을 받은 아버지를 자신의 집으로 모셔와 8개월가량 간호한 점도 고려했다고 밝혔다.

말기 환자의 통증을 줄여야 한다

"더 이상 도와드릴 것이 없으니, 집에 가서 지내세요"는 의사들이 말기 암 환자에게 흔히 하는 말이다. 이 표현은 과연 적절할까? 여기서 '더 이상 도와드릴 것이 없다'는 적극적인 항암 치료를 더는 고려할 수 없다는 뜻일 뿐이다. 오히려 환자가 고통받고 있는 부분에 대해서 사망에 이르는 순간까지 도움을 주는 것이 의료진의 책임일 것이다.

그런데 지금 우리의 의료 행위는 암 환자에게 적극적인 항암 치료(수술, 방사선 치료, 항암제 등)를 하는 것이 주를 이루고, 이런 치료에 실패하면 의사 스스로가 실망감과 패배감을 느끼며 환자를 포기할 때가 있다.

대부분의 말기 암 환자들은 임종 전 3개월을 극심한 고통 속에서 지낸다. 외래 진료 중 가장 당황스러운 일 하나는, 말기 암 환자가 너무도 고통스러운 모습으로 침대차에 누워 진료실로 들어오는 것이다. 어떻게 된 것인가 하고 물으면, 심한 통증이 있는데 다른 진통제로는 조절되지 않고, 퇴원할 때 가져간 마약성 진통제가 필요한데 거주지 의료기관에서는 구할 수 없다는 대답이 돌아온다. 즉, 마약성 진통제를 구하기 위해 아침부터 일어나 119 구급차를 불러 몇 시간 만에 병원 외래까지 찾아왔다는 것이다.

암 환자들이 제대로 통증 조절을 받고 있는지를 평가하는 지표 중 하나가 국민 1인당 '의료용 마약 사용량'이다. 의료용 마약은 대부분 암 환자의 통증을 조절하는 목적으로 쓰이기 때문이다. 그런데 국내의 의료용 마약 사용량은 선진국의 10분의 1 수준에 머물러 있다. 즉, 마약성 진통제 사용을 필수로 적용해야 할 8만여 명의 말기 암 환자가 통증 조절을 제대로 받지 못한 채 임종을 맞고 있다.

왜 암성 통증 조절에 실패하고 있는가? 의료상의 문제로는 환자가 느끼는 통증과 담당 의사가 인지하는 환자의 통증 사이에 현저한 차이가 있다는 점을 들 수 있다. 환자의 실질적인 통증을 의사들은 과소평가할 때가 많다. 의사들을 대상으로 조사해보면, 이들은 마약성 진통제 처방을 꺼리는데 이는 그들에게 암성 통증 관리에 관한 지식이 부족할 뿐 아니라 마약성 진통제에 대해 부정적 태도를 지니고 있어서다.

또 다른 중요한 문제점은 제도에서 기인한다. 대부분의 1, 2차 의료기관은 마약성 진통제를 취급조차 하지 않는 현실이라 이 같은 진통제를 구하는 데 환자나 보호자들이 많은 어려움을 겪고 있다. 예컨대 주사용 마약성 진통제가 지속적으로 요구되는 상황이라면 임종 때까지 계속 입원을 해야 할 수도 있다. 이런 환자에게 요구되는 많은 양의 주사용 마약은 현행 제도하에서는 입원한 상태가 아니고는 구할 수 없기 때문이다.

호스피스 복지법 입법 추진

1999년 국회에서 '호스피스 복지법' 입법 추진에 대한 공청회가 있어 국회의사당을 찾았다. 평소에 말기 암 환자를 위한 정부 차원의 의료복지제도 수립이 절실하다고 여겨 큰 기대를 품었지만, 이는 곧 커다란 실망으로 바뀌었다. 입법을 추진했던 이들의 기본 시각은 '말기 암 환자들은 의사들이 포기한 상태이기 때문에' 누구나 수용 시설을 만들어 환자를 돌볼 수 있으며 비의료인도 마약성 진통제를 취급할 수 있도록 법을 만들자는 것이었다.

좋은 뜻에서 말기 암 환자를 돕고 있는 개인이나 종교 단체에서 일하는 사람들이 이러한 법이 필요하다고 단순하게 생각하게 된 동기는 이해할 수 있다. 그러나 이미 사회 문제화된 지 오래이며 말기 암 환자와 가족들에게 엄청난 폐해를 주고 있는 사이비 종교의 기도원 같은 불법 수용 시설까지 이를 통해 합법화시킬 수 있다는 것을 안다면 그리 간단히 찬성할 수는 없을 것이다.

공청회에 참석했던 의사들의 격렬한 반대로 입법은 무산되었지만, 그 공청회를 나서는 발걸음은 참으로 무거웠다. 말기 암 환자를 위한 호스피스는 의료 제도의 하나로 제대로 운영되어야 한다는 의사들의 주장을 의사 집단의 또 다른 이권 챙기기쯤으로 치부하는 공무원의 태도가 어처구니없었다. 그러나 이는 의료인들이 국민에게 어떻게 인식되고 있는가를 확인시켜주는 것이기도 했기에 스스로를 돌아보지 않을 수 없었다.

우리나라에서는 매년 23만여 명의 암 환자가 새로 발생하고 이 중 8만여 명이 암으로 사망하고 있다. 즉, 암 환자의 상당수가 치유되지 않고 심한 고통을 받으면서 사망한다고 볼 수 있는데, 임종에 이르는 마지막 3개월을 대부분 격심한 고통 속에서 보내고 있다.

그런데 우리 의료 제도는 이들을 어떻게 돌보고 있는지 반성해볼 점이 많다. 우리나라에서 암이 의심되면 환자는 대부분 상급종합병원으로 가게 된다. 주된 문제는 진단 후 항암 치료를 받다가 더 이상 반응하지 않는 '말기' 상태에 이르렀을 때 발생한다. 항암 치료를 해오던 상급종합병원에서는 임종을 기다리는 장기 입원 환자인 말기 암 환자에게 퇴원해 거주지의 의료기관으로 가도록 권유한다. 1, 2차 의료기관에서 환자를 돌보는 게 더 효율적이라고 생각해서인데 현실은 그렇지 못하다. 왜냐하면 1, 2차 의료기관들이 이들 환자를 돌볼 여건이 되지 못하기 때문이다. 말기 암 환자들의 통증 조절을 위해서는 마약성 진통제가 필요한데, 까다로운 법 규정 때문에 대형 병원 외에는 이를 취급하기가 극히 어려울뿐더러 환자의 사망에 따르는 의료 분쟁 등의 위험으로부터도 보호받기 어려운 실정이다.

어느 의료기관도 이들을 반기지 않는 탓에 급하면 종합병원 응급실을 방문해 진통제 주사를 맞아야 하고, 또 기존 의료에 대한 불만족을 '대체의료'라는 사이비 의료 행위에 내맡겨 환자는 엄청난 육체적 고통 속에서, 보호자는 경제적 고통 속에서 임종을 맞고 있다.

선진국은 물론이고, 일본, 타이완, 싱가포르, 말레이시아까지도 말기 암 환자들이 편안히 임종을 맞이할 수 있도록 '호스피스'를 의료 제도의 한 분야로 이미 법제화하여, 말기 암 환자는 집에 거주하면서 의료인들이 정기적으로 방문해 통증 조절 등 여러 의료 문제뿐만 아니라 경제적 문제까지 돕고 있다. 우리나라는 2017년 8월에야 법이 시행되기 시작했지만 시설이나 인력이 부족해 제대로 운영되지 못하며 아직 많은 노력이 요구된다.

물론 일차적인 책임은 제도를 운영하는 정부에 있다고 할 수 있지만, 의료인들도 고통받는 말기 암 환자들의 문제를 해결하는 데 제 역할을 다 했는지 되돌아봐야 한다. 예를 들어 거동이 불편한 환자들은 방문하여 돌봐주어야 하는데, '왕진'이 현행 의료 제도하에서는 수익성이 없다는 이유로 외면해온 게 사실이다.

2000년 의약분업 파동으로 인한 '의료 사태'를 겪으면서, 국민의 의료인에 대한 불신의 뿌리를 모두 무능한 정부 탓으로만 돌릴 수 없음을 깨달았을 것이다. 의료인들의 주장이 더 이상 '집단 이기주의'로 몰리는 안타까운 일이 반복되지 않으려면 의료계가 먼저 나서서 국민 입장에서 절박한 의료 문제들을 하나하나 해결하려고 노력해야 할 것이다.

4

호스피스·완화의료

: 제도 정착의 전제 조건

제도의 단계적 시행

2017년 8월 4일부터 시행되기 시작한 호스피스·완화의료 관련 법안에서 호스피스는 말기 환자가 적용 대상이다. 원칙적으로 호스피스는 모든 질환의 말기에 적용되어야 한다. 그런데 현행법에는 암, 후천성면역결핍증, 만성 폐쇄성 호흡기 질환, 만성 간경화 등 네 가지 질환군에 대해서만 적용하고 그 밖의 질환은 보건복지부령으로 정하게 되어 있다. 이렇게 제한적으로 시작하게 된 주된 이유는 건강보험 재정 때문이다. 향후 호스피스 병상이 확대되고 제도 운영 경험이 쌓이면 다른 질환군으로 확대되리라 예상된다.

독립된 호스피스 입원 병상을 가지고 있는 '입원형' 호스피스에 대해서만 건강보험수가가 적용되기 시작했다. 가정을 방문해 호스피스 서비스를 제공하는 '가정형' 호스피스는 2020년 9월부터 건강보험 수가로 산정되고 있다. 일반 병실에 입원해 있거나 외래 진료 중인 말기 환자를 방문하는 '자문형' 호스피스에 대해서는 수가시범사업이 진행되고 있다. 시범사업이 마무리되면 건강보험수가가 정식으로 적용될 것으로 기대된다.

비용을 어떻게 마련할 것인가

호스피스·완화의료가 이뤄지는 의료기관이 능동적으로 참여할 수 있게 하려면 호스피스·완화의료 관련 수가가 제대로 반영되어야 한다. 원가 보전이 제대로 되지 않는 저수가로 접근한다면 이 제도는 원래 취지를 살리지 못할 것이다. 특히 행위별 수가 제도•에서 일당정액제••로 전환되어야 하는데, 호스피스·완화의료 수가 제도에서 수가 보전이 제대로 되지 않으면서 의사들의 행위까지 제한받게 된다면 의료기관들이 수가 체계 변경에 동참할 동인이 없어진다.

이런 점을 우려해 대형 병원 경영진들은 호스피스·완화의료 시설을 만들거나 호스피스 수가로의 전환을 거부할 가능성이 높다.

• 　검사, 투약, 처치 등 개별 행위별로 수가를 정하고 지불하는 제도. 시행된 의료 서비스를 합산해 의료비 총액이 결정된다.

•• 　하루 진료비 총액을 미리 정해두고 그 범위 안에서 검사, 투약, 처치 등 모든 의료 서비스를 제공하는 제도.

행위별 수가 체계에서 호스피스 수가 체계로 전환해 손해 볼 위험이 높기 때문이다. 의료기관마다 상황이 다르고, 대상 환자의 상태도 다양하기 때문에(적극적인 항암 치료에서 완화의료로 전환되는 단계가 일정하지 않음), 이를 고려해 제도를 운영해야 한다.

대부분의 암 환자에 대한 의료 행위는 현재 상급종합병원을 중심으로 이루어지고 있다. 이 환자들이 호스피스로 움직일 수 있어야 제도가 뿌리내릴 것이다. 첫째, 상급종합병원은 급성 병상 위주로 구성되어 있는데, 이 중 상당 부분을 호스피스·완화의료 전문 병상으로 전환하는 것이 현실적으로 가능할지 검토해봐야 한다. 그러나 상급종합병원은 서울을 중심으로 분포해 있고, 환자의 주 거주지에서는 멀리 떨어진 환경일 가능성이 높다. 그렇다면 오히려 상급종합병원을 중심으로 진료를 받고 있는 암 환자들이 거주 지역 중심의 말기 암 환자 전문의료기관으로 이동하는 것이 바람직하다. 즉, 환자 거주지 인근의 호스피스 전문 기관으로 이동할 수 있도록 유도하는 정책이 실현 가능성이 높다.

이 정책을 지원하기 위해 상급종합병원 내에 자문형 호스피스팀palliative care consultation program에 대한 기준을 만들고, 수가 지원을 할 필요가 있다. 대부분의 상급종합병원에 있는 '산재형' 호스피스 서비스가 이런 요구를 반영하는 듯한데, 일본, 유럽 등에서 이미 시행되고 있는 제도다(일본은 자문형 호스피스팀에 대한 수가를 방문당 2500엔 지원).

법이 가진 맹점

인구의 고령화로 임종 과정이 심각한 사회 문제로 떠오르면서 호스피스·완화의료에 관한 내용을 포함하고 있는 연명의료결정법이 결국 통과되었다. 매년 20여 만 명의 만성질환자가 고통 속에서 죽어가고 있는 현실을 반영한 것이다. 그런데 품위 있는 죽음의 준비를 지원하고자 만들어진 법임에도 후속 법안의 미비로 또 다른 규제 입법처럼 변질되고 있어 우려된다. 법 제정으로 인한 혼란은 지속적 식물 상태 환자에게까지 연명의료중단 결정이 확대 적용되는 것을 우려해 '임종 과정에 있는 환자'에 국한해 연명의료결정을 제한함으로써 발생했다.

무의미한 연명의료를 유보하는 것을 전제로 하는 호스피스·완화의료는 말기 환자(적극적인 치료에도 불구하고 근원적인 회복 가능성이 없고 점차 증상이 악화되어 수개월 이내에 사망할 것으로 예상되는 진단을 받은 환자)를 대상으로 하는데, 세계보건기구는 완화의료적 돌봄을 기존의 치료 행위와 통합해 말기에 이르기 전부터 조기에 제공하는 것을 추천하고 있다.

선진국의 입법 사례는 연명의료결정과 함께 호스피스·완화의료 결정도 말기에 이뤄지게끔 단일화되어 있어 혼란이 없다. 정부가 나서서 법안이 잘못 해석될 수 있는 부분을 시행령·시행 규칙을 통해 정비하지 못해 기존 호스피스·완화의료마저 위축될 위험에 처해 있다.

한국은 1977년 의료보험제도를 도입한 후, 1989년 전 국민을 대상으로 건강보험이 확대 적용되면서 저렴한 비용으로 쉽게 의료 서비스를 받을 수 있게 되었다. 이 과정에서 임종 장소가 가정에서 병원으로 바뀌어 지금은 전 국민의 77.1퍼센트가 의료기관에서 사망하고 10명 중 1~2명만 집에서 임종한다. 암 환자의 경우는 89.2퍼센트가 병원에서 임종하고 있다. 회생 가능성이 없는 환자임에도 불구하고, 임종 전 마지막 2~3개월을 가족과 생을 마무리하는 시간으로 보내기보다, 병원에서 인공호흡기와 같은 연명 장치에 의존해 중환자실에서 보내는 관행은 환자뿐 아니라 그 가족까지 불행하게 만들고 있다. 이런 의료집착적 문화가 변하지 않은 채 법만 제정한다고 해서 문제가 근본적으로 해결되기는 어렵다.

어떻게 죽을 것인가 하는 문제는 한 사람도 예외 없이 맞닥뜨리게 된다. 그동안 한국에서는 의료 기술을 통해 죽음을 피하거나 최대한 연기할 수 있다는 생각이 지배해왔다. 그러다보니 많은 사람이 대형 병원에서 쓸쓸하게 죽음을 맞고 있다.

앞에서도 인용한 건강보험공단의 조사에 의하면, 국민의 16.3퍼센트만 병원에서 임종을 원하고 대부분은 가정(57.2퍼센트)이나 호스피스(19.5퍼센트)에서 삶을 마무리하길 원한다. 그럼에도 환자나 그 가족이 집으로 돌아가지 못하는 중요한 이유 중 하나는 간병 때문이다. 현재의 의료 제도에서는 심한 통증과 같은 의료 문제를 가정에서 해결하기 어려운 탓이다.

가정에서 편안한 임종을 맞길 원하는 국민 대다수의 바람이 받아들여지려면 환자가 집에 있어도 의료진이 왕진을 통해 의료 서비스를 제공할 수 있는 지역사회 의료 체계도 함께 발전해야 한다. 첨단 기술 중심의 의료 서비스만 있으면 모든 의료 문제가 해결되는 것처럼 대도시의 대형 병원으로 몰려가는 의료 전달 체계에서는 호스피스·완화의료가 할 수 있는 일이 제한적이다.

5

환자를 보살피다

치료cure 대 돌봄care?

사람들은 의사가 어떤 모습이길 기대할까. 일반적으로는 첫째 과
학자, 둘째 돌보는 사람, 셋째 전문가를 기대할 것이다. 그런데 대
부분의 의학 교육은 과학으로서의 학문을 가르치고, 수련 과정에
서는 전문 직업인으로서 훈련한다. 따라서 어떻게 하면 환자의 질
병을 낫게 할 수 있는가에 관심이 집중되어 있다. 그런데 모든 환
자를 치료cure할 수 있다면 좋겠지만, 현실은 그렇지 못하다. 우리
는 의사의 역할에 대한 서양의 격언을 짚어볼 필요가 있다.

To Cure Sometimes

To Relieve Often

To Comfort Always

의사가 환자를 완치하는 일은 가끔 있고

환자의 고통을 줄여주는 일은 더러 있지만

환자를 편안하게 해주는 일은 노력하면 항상 가능하다

우리 의학 교육은 환자를 어떻게 하면 치료할 수 있는가에 큰 비중을 두었다. 그런 탓에 많은 전공의가 더 이상 치유될 가능성이 없다고 판단되는 시점에 이르면 환자에게 관심을 거의 기울이지 않는다. 아마도 교육 과정에서 한 번도 거론되지 않은 상황은 무시해도 상관없다고 생각하는 것이 아닌가 우려된다. 의료 현장에서 자주 부딪히는 임종 과정의 환자 돌보기, 병황 통보, 연명의료중단 결정 등의 상황에 대해서 어느 누구로부터도 교육받은 적이 없다보니 곧잘 실수를 범하고, 더러는 의료 사고로까지 이어진다.

환자나 보호자가 기대하는 의료

다음은 임종을 앞둔 말기 암 환자의 부인이 기록한 글로, 환자나 보호자가 바라보는 의료는 의료인이 생각하는 것과는 다른 측면이 있음을 알려준다.

가까운 병원에 서울대학교병원 출신 의사 선생님이 오셨다고 해서 뵈러 가야 한다고 하니 아이 아빠가 왜 가냐고 물었다. 서울 대병원과 같은 처방이나 치료를 받을 수 있을 거라고 추천을 받았다고 했다. 그러니 아무 말 하지 않고 다녀오라고 했다.

의사 선생님은 의무 기록과 현재 상황을 보시고 처방된 약을 체크했는데 방법이 없다시며 '숨넘어가면 죽는 것 아닙니까. 보통 사람이 죽었을 때 숨이 넘어갔다고 하지 않느냐'면서 아무 얘기도 해주지 않았다. 나는 산소호흡기나 다른 방법이 없냐고 물어봤지만 더 이상의 방법이 없다고 했다. 그래도 기대를 하고 갔는데…… 힘이 빠지고 한편으로는 그 태도와 말이 너무 서운했다. 차트를 체크했으면 적어도 진단과 그 환자의 상태를 쉽게 알 수 있었을 것이다. 죽는 날이 코앞에 있는 환자임이 명백한 사실이겠지만, 그럼에도 지푸라기라도 잡고 싶은 심정에 병원에 갔던 것인데…… 죽은 사람이나 매한가지니 그냥 가라는 식의 말투와 태도는 크나큰 실망감을 느끼게 할 뿐이었다. 적어도 의료에 종사하는 사람이라면 어느 정도 봉사 정신이 있어야 하는 것 아닐까.

환자나 그 가족을 내 형제 부모처럼 대할 순 없겠지만, 남의 생명을 살리는 직업으로 최선을 다해주었으면 한다.

전공의가 바라본 의료 현장

아래는 한 서울대병원 전공의가 쓴 일기의 일부다.• 한국 의료 현장의 분위기와 함께 환자가 어떤 감정을 겪고 또 무엇을 더 원하는지 생각해볼 수 있다.

마취통증의학과 생활 2년 만에 환자와의 대화라는 것이 고작 감기라도 걸리지 않았는지, 입은 잘 벌어지는지를 묻는 간단한 취조로 끝나버렸다. 수술 전 환자 방문이나 마취 시작 전에 환자들이 잠시라도 자신의 고통과 처지를 하소연이라도 할라치면, 왜 나한테 그런 말을 하는지 이해할 수 없다는 표정을 짓다가 급기야는 마스크를 덮어 입을 다물게 해버리기도 한다. 환자와의 대화 단절은 오히려 모니터와 환자의 신체에서 나타나는 변화들에 대한 객관적이고 즉각적인 해석에 더 의존하게 만들고, 그에 따라 과학적인 이성을 벼리게 하는 장점이 있다고 생각하기도 한다.

이제 3년차를 눈앞에 두고 통증치료실에서 수련을 하게 되었다. 지금까지와는 180도 달라진 생활이 가져다주는 신선함은 동시에 몸을 팽팽하게 만드는 기분 좋은 일이 아닐 수 없다. 자체적으로 입원 환자를 두기도 하고 외래에서 정신없는 시간을 보내기도 한다. 더욱이 회진을 아침저녁으로 돌면서 환자를 보고 또 보고 한다. 그리고 가장 달라진 것은 내가 보는 환자들이 갑자

● 『청년의사』 2000년 제5호 병상일지에서 발췌했다. 이 전공의는 현재 분당서울대학교병원 통증센터 이평복 교수다.

기 말이 많아진 것 같고 그들을 쉽게 조용히 시킬 수 없다는 점이다.

한때 높게 평가받은 가수였다는 내 환자는 드물게도 119에 실려 통증치료실 외래로 찾아왔다. 혈관성육종으로 진단된 그녀는 피가 흐르는 곳이면 어디든 생겨버린 종양에 참을 수 없는 통증을 호소해왔다. 과거 유방암 절제술을 받은 적이 있어 일반외과로 입원했지만 끊임없이 울려대는 병동의 호출은 주치의가 일반외과 선생이 아닌 나임을 인식시켜주기에 충분했다. 환자는 경막외 카테터를 통해 상당량의 모르핀이 주입되는 중이었고 중간 중간 부피바카인과 같은 국소마취제를 주입해야 겨우 몇 시간 통증이 완화되었다. 그동안의 병력을 말해주는 듯 마르고 핏기 없는 모습인데도 예의 연예인이었던 사람답게 얼굴 매만지기와 거울 들여다보기를 게을리하지 않는 그녀는 아픔이 조금 가시면 이내 그 가수다운 목소리로 쉬지 않고 내게 말을 걸어온다. 어떻게 아프고, 어느 곳 종양이 조금 더 커졌는지, 자기가 아파서 호출하면 바로 와줄 수 있는지, 언제 퇴근하는지 등을 물어온다. 묻는 것만 주로 하던 미숙한 주치의인 나로서는 그저 취조받는 대로 입가에 미소만 머금으며 버텨야 했다. 그녀는 가수였던 한때의 아련한 추억을 들뜬 표정으로 들려주다가 이내 질병이 자신을 얼마나 망가뜨렸는지, 그 끔찍한 통증이 자신을 얼마나 황폐하게 만들었는지 토로하고 있었다. 그러고는 왜 의사들은 그토록 고통스러운 통증에 대해 관심을 갖지 않는지, 왜 그냥 쉽게 약이나 먹으라고 하는지에 대한 자신의 분노와 실망감을 감추려들지 않았다. 쉼 없이 터져나오는 그녀의 과거 이야기에 나는 시간 가는 줄 몰라 하기도 하고, 자꾸 문 쪽을 바라보며 이야기의 끝을 기다리기도 했다. 그토록 많은 말을 들어본 적이 없기 때문이다. 물론 원인을 찾아야 하고 근본적인 치료를 하는 것이 필요하다고 말은 하지만 실제로 그만큼 통증에 대한 연구와 관심이 대한민국에서는 그리 높지 않았다는 것을 인정하지 않을 수 없다. 자동차를 찍어내듯 한 환자를 마무리 짓고 다른 환자로 넘어가는 데도 시간이 빠듯한 병원 시스템 속에서 결국 기계적으로 되는 의사와 덜 고통스럽고 더 따뜻하게, 한마디로 인간적으로 대우받고 싶어하는 환자의 충돌은 어쩌면 불가피한 것일는지 모른다.

인턴을 하는 그 순간부터 서양 의학이 가진 공격적이고 침습적인 방법에 대해 이질감을 느끼고는 좀 덜 아프게 하고 좀 덜 침습적인 방법을 개발하는 것이 우리 의사들의 의무라고 생각했던 기억이 되살아나고 있다.

내 가수 환자는 이젠 거의 말을 하지 않는다. 내가 손을 잡아주어도 눈을 감은 채 희미한 미소만 지을 뿐이다. 환자의 눈두덩이 날이 갈수록 부풀어오르고, 가슴에 생긴 혹이 큰 고통을 안겨주고 있다. 더 이상 거울을 보지 않으려는 그녀. 모처럼 그녀의 쉴 새 없이 쏟아지던 말소리를 듣고 싶다. 환자의 수다는 그가 살아 있음을 의사인 나에게 전달하는 생명의 메시지이기 때문이다.

보살핌을 저해하는 의료 제도

1999년 여름 영국의 의료기관들을 돌아볼 기회가 있었다. 영국은 국가가 의료 서비스를 제공하고 그 재원의 대부분을 세금으로 충당하는 국민보건제도National Health Service를 실시하고 있어, 모든 국민은 질병의 치료와 예방, 간병과 간호를 포함하는 포괄적인 보건의료 서비스를 무료로 받을 수 있다. 국민 누구든 비용 부담 없이 의료 혜택을 받을 수 있으니 가장 이상적으로 보이지만, 환자가 의사를 선택할 수 없고 응급 질환에 효율적으로 대처하지 못하는 등 우리와는 또 다른 고민거리를 안고 있기도 하다.

'요람에서 무덤까지'라는 말로 표현되는 영국의 복지제도와 사회복지 시설들이 부럽기도 했지만, 개인적으로 가장 신선한 충격을 받은 것은 '왕진往診' 제도였다. 한국에서는 거동하기 힘든 암 환자도 잠깐의 진료를 위해 구급차까지 불러서 병원으로 힘겹게 오는 걸 볼 때마다 안타까운 마음이 들었는데, 영국 의사들은 병원에 오기 힘든 환자의 가정을 방문해 진료하는 것을 당연하게 여기고 있었다.

일일이 환자 집을 찾아다니는 데 소요되는 시간과 비용을 계산한다면 비효율적인 것이 아닌가 하는 내 질문에 영국인 의사는 환자들이 어떤 환경에서 지내는지를 알아야 환자에 대한 장기적인 치료 계획을 세울 수 있다고 대답했다. 예를 들어 2층까지 계단을 올라가야 하는지, 좁은 방에서 여러 가족이 함께 지내는지, 아니면 혼자 사는지 하는 점이 다 환자에게 처방을 내리기 위해 필요한 정

보라는 것이다. 또 환자가 의료기관을 찾아와서 하는 말과 의사가
환자의 집을 찾아갔을 때 하는 말이 다르다는 이야기도 했다.

사례 1 아무도 지켜보지 않는 가운데 임종하는 두려움

영국 남부의 항구도시 사우샘프턴에서 영국인 의사와 둘이서
말기 환자의 집에 왕진을 간 적이 있다. 금요일 오전 11시 영국
인 의사가 차를 몰고 한참을 운전해 환자 아파트 주차장에 도착
했다. 서민 아파트 8층 환자의 집 초인종을 오랫동안 눌렀지만
안에선 반응이 없었다. 미리 전화로 예약을 해둔 터라 의아하게
생각하면서 손잡이를 돌려보니 문이 열렸다.

큰소리로 들어가도 되겠느냐는 인사를 하고 거실로 들어서니,
50대 후반의 남자가 거실에 놓인 낡은 침대에 누워 있었다. 환
자는 3년 전 구강암으로 진단되어 수술과 방사선, 항암제 치료
를 받아오다가 최근 말기 판정을 받았다. 지금은 겨우 화장실에
갈 정도의 기력만 남아 있었다.

이야기가 시작되자 그는 자연스레 혼자 살고 있는 이유를 설명
했다. 간병에 지친 부인이 도망을 갔고 같은 아파트에 사는 친
구가 일주일에 두 번 식료품 가게에서 우유와 주스 등 유동식을
구해 냉장고를 채워주고 있다고 했다. 이런저런 투병 이야기와
가정사를 듣는 가운데 순식간에 한 시간이 흘렀다.

의사가 떠나려 하자, 환자는 마지막 소원이 있다며 들어줄 수 있
는지 물었다. 의사가 이야기해보라고 하자, 지금은 혼자서 아파

트에서 투병할 수 있겠는데, 아무도 지켜보지 않는 가운데 혼자 임종하는 것은 정말 두렵다며 죽을 시점이 가까워오면 호스피스 병실에 입원시켜달라고 요청했다.

만약 한국처럼 환자가 병원을 찾아와야만 진료가 이뤄진다면, 환자가 어떤 환경에서 살고 투병하는지를 결코 알 수 없었을 것이다.

서구에서 의사가 전문직으로 존경받는 직업인 이유 중 하나는 '왕진' 때문이었을 것이라 생각한다. 늦은 밤 환자의 가족이 의사의 집 문을 두드리면 의사가 급히 잠옷을 갈아입고 진료 가방을 챙겨 비바람을 뚫고 환자 집으로 가는 장면은 옛날 영화 속에서나 볼 수 있다고 생각했는데, 영국에서는 아직까지 그 전통이 이어지고 있다. 의사가 그 환자의 병을 고치지 못했다 하더라도 어려운 순간을 함께하고 도와주기 위해 달려와준 것만으로도 환자와 가족들은 그 의사를 신뢰할 것이다.

우리나라에서도 과거에는 의사가 환자의 가정을 방문하는 왕진 형태의 진료가 이뤄졌지만 지금은 잊혀가는 과거다. 의료 기술의 발달로 첨단 의료 장비를 갖추고 있는 시설에서 진료를 받는게 환자에게 도움이 된다는 이유도 있겠지만, 왕진 제도가 사라져버린 가장 직접적인 원인은 건강보험제도에 있다. 앞서 말한 것처럼 우리 제도는 환자가 의료기관을 방문해 받는 검사, 시술, 약 등에 기준한 체계이기 때문에 의사들은 많은 수의 환자에게 검사지와 처방전을 발부해야 한다는 압박 아래 환자와의 만남인 진료 행위는 오히려 등한시되고 있는 것이다. '왕진'은 진료 행위가 핵심인 의료 형태이며 따라서 환자를 중심에 두고 있지만 현행 의료 체계에 맞지 않다는 이유로 도태되고 말았다.

1970년대 이후에 의학 교육을 받은 의사들은 '환자를 찾아간다', 다시 말해 환자를 중심으로 하는 의사의 기본 자세를 배우지 못했고 나도 그들 중 한 사람이다. '환자와 의사의 만남'보다는 검사나 약을 앞세우고, 환자의 입장보다는 관리하기 편리한 제도에 초점을 맞추다보니 우리도 모르는 사이에 가장 중요한 것이 무엇인지 잃어버리고 말았다.

2000년 의약분업 사태가 일어났을 때 국민이 의사들에게 보여준 불신감은 의사라는 직업의 정체성에 대해 다시 생각해보도록 하는 데 충분한 것이었다. 통증 조절이 필요한 말기 암 환자와 만성 질환을 앓고 있는 노인 환자들을 위해서라도 '방문 진료(왕진)' 제도가 부활한다면 의사와 환자의 멀어진 마음의 거리를 조금은 좁힐 수 있지 않을까.

질병 경과에 따른 의사의 역할

다음 그림에서 보여주듯이 초기에 발견되면 완치를 전제로, 진행된 시기에 발견되면 생명 연장을 목적으로 적극적인 치료가 추천된다. 그런데 말기에 이르면 적극적인 치료로 효과보다는 부작용으로 인한 손실이 더 클 것이 우려되므로 더 이상 적극적인 치료는 추천되지 않고 '증상 조절'을 통해 환자가 편안하게 여생을 보내도록 도와주는 '완화의료'가 추천된다. 즉, 의사는 말기 환자에게는 적극적인 치료의 주관자가 아니라, '증상 조절'을 원활히 할 수 있도록 도와주는 여러 직종의 '돌보는 자들'을 이끄는 주체로서 역할을 수행해야 한다.

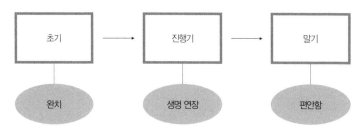

암 환자의 질병 경과에 따른 의사의 역할

완화의료 그리고 의사

• 지지요법 vs. 완화의료

초기나 진행기의 암 환자가 항암 치료 중 겪게 되는 통증의 완화를 위해 진통제를 사용한다면, 이것은 지지요법supportive care으로서 진통제를 사용하는 것이다. 그러나 말기 암 환자의 경우, 통증 완화 자체가 환자의 주된 치료가 된다. 이처럼 환자를 편하게 해주기 위한 치료를 완화의학palliative medicine 혹은 완화의료palliative care라고 부르며, 영국을 중심으로 의료의 독립된 전문 분야로 발전하고 있다. 이러한 접근은 기술 중심의 의료보다는 전인치료total care에 대한 높은 관심을 반영하고 있다.

• 고통 vs. 통증

고통suffering은 통증pain보다 포괄적이다. 골절이 있거나 신경을 자극받아 물리적으로 느끼는 통증에 비해 암 환자들이 겪는 고통의 원인은 경제적·심리적 요인까지 다양하다. 뼈가 골절되어 생긴 통증은 골절을 교정하고 진통제를 처방하면 조절된다. 이와 달리 가족관계의 갈등으로 인해 불거진 고통은 의사가 진통제를 더 많이 처방한다고 해서 해결되지 않는다. 따라서 암 환자들의 고통을 들어주기 위해서는 적절한 통증 조절과 함께, 이들이 신체 외적인 면에서 괴로움을 겪고 있는 문제까지 이해하고 해결하려는 노력이 요구된다.

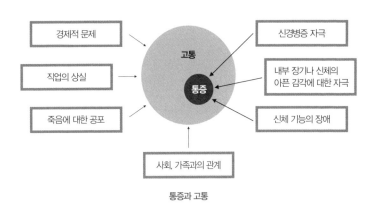

통증과 고통

• 여러 전문 분야 팀의 리더로서의 의사

의료는 특성상 다양한 직종이 함께 노력해서 공동 목표를 달성해야 하는 팀제 활동이 중시되는 분야다. 따라서 다양한 구성원 간의 조화된 노력과, 이런 팀을 이끌 리더가 필요하다. 이것은 병원 조직의 한 구성원(혹은 의료 전달 체계상의 한 부분)으로서의 의사, 처방을 내리고 치료술을 수행하는 한 직종으로서의 존재를 뜻하지 않는다. 여러 전문가로 구성된 팀의 리더로서 의사의 역할이 바뀌어야 하는 것이다.

의사가 환자를 '완치'시키는 경우는 흔치 않으며, 특히 진행 암 환자와 같은 난치병 환자는 대부분 '증상 조절'을 적용하고 있다. 증상 조절을 위해서는 보살핌이 중요하며, 보살핌이 제대로 이뤄지려면 환자로부터 신뢰를 받는 의사가 되어야 한다.

보살핌은 의사 혼자의 노력만으로 되지 않고, 다른 직종의 보살피는 자(간호사, 약사, 영양사, 사회사업가, 성직자 등)들과 팀을 이뤄 접근해야 하며, 의사의 역할은 그 팀을 이끄는 데 있다. 현재 이런 분야를 연구하는 완화의학에 대해 관심이 기울여져야 할 것이다.

6

환자와 짐을 나눌
보호자

진료 현장에 있다보면 여러 유형의 보호자를 만나게 된다. 전공 분야가 '암'이라는 위중한 질병이다보니, 사랑하는 사람을 잃게 될지도 모른다는 공포와 좌절감으로 인한 분노를 저마다 다른 모습으로 표출하는 보호자들을 진정시키는 데 진료 시간을 할애하기도 한다.

　오랫동안 치료해오던 환자 중 절반이 넘는 이에게 "이제 항암 치료를 계속하는 것이 더 이상 도움이 되지 않는다"는 말을 하는 것이 종양내과 의사들의 현실이다. 이때 TV 드라마처럼 의사의 멱살을 잡고 살려내라고 소리 지르는 극한 상황까지는 가지 않더라도 그 말을 들은 보호자가 느끼는 격한 감정들이, 담담하고 냉정한 겉모습을 뚫고 나와 내 내면으로 그대로 전해져오는 것은 피할 수 없다.

환자와 보호자의 육체적 아픔뿐 아니라 마음의 고통까지 함께 할 수 있는 의사가 이상적이라고 생각하지만 불행히도 나는 그렇지 못할 때가 많았다. 짧은 시간 안에 많은 암 환자를 진료해야 하는 현실에서 환자와 그 가족들이 느끼는 감정에 일정한 거리를 두는 데 익숙해지기도 한다. 하지만 어린 자녀를 암으로 먼저 떠나보내야 할 때 자신의 슬픔을 감추고 마지막까지 최선을 다하려는 어머니의 모습을 보면 어쩔 수 없이 감정이입이 된다.

가장 헌신적인 보호자가 어머니라면 환자에 대해 이중적인 모습을 보이곤 하는 이들은 암에 걸린 젊은 여성의 남편들이다. 환자가 암에 걸린 것이 의사의 책임이라도 되는 양 반드시 살려내라고 진료실에서 소리 지르고, 최고의 검사와 치료를 해달라고 강력히 요구하는 남편일수록 아내의 병상은 지키지 않는다. 투병 기간이 길어지면 아내가 예상보다 오래 생존하는 것에 감사하기보다 현재의 불편한 상황이 언제쯤 끝나는지를 따로 찾아와 우회적으로 물어보기도 한다. 물론 모든 남편이 그런 것은 아니지만……

환자 본인에게 나쁜 소식을 직접 전하지 말 것을 보호자가 요청하는 경우, 의료진도 묵시적으로 협조하는 게 아직까지 미덕처럼 여겨지는 게 우리 문화다. 보호자의 동의 없이 환자에게 암이라는 진단의 가능성을 언급했다고 해서 전공의를 구타하는 사건이 있는가 하면, 보호자의 요청으로 환자의 예후를 좋은 방향으로 이야기했다가 실제 환자가 나빠지면 그 말에 책임지라고 의료 소송을 제기하는 일도 일어난다.

　가능한 한 환자에게도 질병의 진행 상황을 정확히 알리는 게 원칙이지만 '병심'이 있는 환자를 도와 환자의 상태와 진료 계획에 대해 객관적으로 의논할 보호자의 존재는 의사 입장에서 중요하다. 환자를 실질적으로 도와주고, 또 정신적으로도 위로해주는 역할을 할 보호자는 꼭 필요하다. 대부분의 경우 환자를 진심으로 사랑하는 사람들이 보호자 자격으로 병원에 함께 오지만, 평소에는 보이지 않다가 갑자기 나타나서 소란을 피우는 보호자들은 자신의 이해관계에 더 큰 관심을 갖고 있을 때가 많다.

　최근 보호자 없이 혼자 오는 환자가 점점 늘고 있다. 홀로 와서 암이라는 진단을 통보받고 항암 치료의 부작용을 감수하는 일까지는 어쩔 수 없다고 해도, 마지막 말기 통보는 보호자가 있는 자리에서 하고 싶다. "함께 올 사람이 없습니다. 저한테 말해주세요." 고된 삶뿐만 아니라 죽음의 무게까지 혼자 지고 진료실을 나가는 환자의 뒷모습을 보는 일은 참으로 가슴 아프다.

　시대가 바뀌면서 가족은 더 많이 해체되고 그런 울타리 없이 혼자 사는 사람이 계속 늘어나면서, 우리나라도 선진국처럼 병원의 사회복지사의 주된 역할이 이런 문제에 처한 환자를 상담하고 돕는 일이 되어가고 있다. 그렇지만 이런 외적인 도움보다 환자와 함께 울고 웃을 보호자가 환자의 투병생활에 더 큰 도움이 되리라는 것을 우리는 잘 알고 있다. 언젠가는 보호자가 진료실에서 소동을 피우던 시절이 그리워질 때가 올지도 모르겠다.

7

가정 간호,
또 다른 고통

보호자는 대체할 수 없는 중요한 존재이지만, 한국 의료 체계는 보호자에게 지나치게 과도한 짐을 안기곤 한다. 이런 경향은 가정 간호에서 더 두드러진다. 게다가 가족의 존재를 당연시하고 가족에게 간병 의무를 떠맡기는 사회 문화에서 보호자가 없고 간병인을 둘 수 없는 상황에 처한 환자의 처지는 더 괴로울 수밖에 없다.

인공호흡기를 가정에서 관리해야 하는 환자가 늘어나면서 환자 본인과 가족들이 많은 어려움을 겪고 있다. 그중 서울대병원 가정 간호팀 등에서 겪었던 몇 가지 실제 사례를 적어본다.

사례 1 (문○○, 여성, 67세)

환자는 2002년 5월 루게릭병 진단을 받았다. 그리고 2003년 8월 가정용 인공호흡기PLV-100를 부착했다. 가정에서 관리하는 것은 서킷circuit 교환과 경피적산소포화도SpO2 체크였다. 또한 일주일에 한 번 기도와 인공호흡기를 교환하고 피부를 통해 위로 직접 영양을 공급하는 위루관 PEG를 소독받고 있었다.

이 환자는 발병 전 사업을 하면서 번 돈을 치료에 썼다. 약값, 간병인 임금, 식이용 영양액, 기저귀 값, 병원비(입원 및 외래 진료), 전기료(월 30만 원 정도), 가정 간호료, 생활비 등이 그 항목이다. 보건소에서는 희귀난치성 질환으로 판단해 매달 약 100만 원의 보조금을 지원했는데, 이는 인공호흡기(65만 원)와 산소발생기(20만 원) 임대료, 간병 비용(20만 원)으로 지출되었다.

이전에 손가락을 움직일 수 있었을 때는 종소리나 손가락으로 글씨 쓰기를 통해 의사와 소통했다. 반면 지금은 이전에 서로 합의해둔 대로 눈 깜빡임을 이용한다. 문제는 이렇게 되면서 환자가 보호자를 부를 방법이 없어졌다는 것이다.

환자의 속마음을 들어보니 "나는 돈이 있기 때문에 이렇게라도 살아 있을 수 있어 행복하다. 돈이 없었더라면 어떻게 됐겠는가"라고 한다. 한편 가족의 심정은 조금 다르다. "사실 의료기술이 이렇게 발달했는데 사랑하는 엄마를 그냥 돌아가시게 할 순 없었다. 그러나 정작 기계를 달고 집에 모셔놓으니 하루하루가 전쟁이다. 엄마한테서 눈을 뗄 수 없고 자세 바꾸기, 가래 빼기, 음식 먹이기, 씻기기 등 할 일이 너무나 많다. 내 아이도 돌봐야 하는데 엄마 때문에 거의 보살피지 못하고 있다. 사생활은 없어진 지 오래다. 살아도 사는 게 아니다. 그렇다고 엄마의 상태가 더 악화되거나 돌아가시는 것은 견딜 수 없다. 어떻게 해야 좋을지……."

간병인도 힘들어하기는 마찬가지였다. "간병하는 사람도 잠을 자고 좀 쉴 수 있어야 살지 않겠는가? 이런 환자는 돈을 아무리 많이 준대도 맡고 싶지 않다. 환자하고 말도 안 통하고, 원. 환자가 눈으로 표현하니까 눈을 뗄 수가 없다. 할 일이 끊이지 않고 하루 종일 서 있어야 하니 내 다리가 코끼리 다리같이 붓는다. 완전히 갇혀 지내고 있다."

사례 2 (김○○, 남자, 75세)

그는 만성 폐쇄성 호흡기 질환COPD을 앓았고, 2005년 4월 휴대용인공호흡기BiPAP ventilator를 부착했다. 의식은 뚜렷했고 거동에도 불편함이 없었다. 식사를 하거나 화장실을 가는 것도 자유로웠으며, 낮에는 인공호흡기를 잠깐 떼고 지내기도 했다.

젊어서 사업을 했던 그는 경제적 여력이 충분했고, 자녀들에게 의지하지 않았다. 그런 까닭에 보건소에서의 지원은 없었다. 평소 의사소통을 할 때는 기관절개 부위의 관tracheostomy-cannula&balloon을 빼고 말한다.

환자는 "돈이 있어서 호흡기를 걸고라도 사는 게 다행이다. 하지만 전기가 나가거나 기계가 고장 날까봐 항상 걱정된다. 그런 불안 때문에 어떤 때는 잠을 못 이룬다. 병원에 있고 싶다"는 심정을 밝혔다. 아내가 그의 보호자인데, 그녀의 생각은 조금 달랐다. "그래도 집이 편하다. 살림도 해야 하고 아무래도 병원보다는 낫기 때문이다. 기계가 고장 날까봐 나 역시 항상 불안하다. 자식들은 모두 소용없다. 나 혼자만 힘들다. 환자 혼자 두고 외출할 수 없어서 집에만 있으니 갑갑하다. 호흡기를 걸기 전에 해외여행을 계획했었는데 이젠 모두 물 건너간 얘기다."

사례 3 (○○○, 여성, 59세)

그녀 역시 만성 폐쇄성 호흡기 질환을 앓는 환자로, 인공호흡기에 의존하고 있다. 그녀의 상태는 절망적이었다.

"내가 젊어서부터 벌거 벌거 다 해서 모아둔 돈으로 지금까지 버텨왔는데 이제 거의 바닥났다. 가족한테 신세지면서 사는 게 죽기보다 싫어서 나 혼자 기계로 가래를 빼내고 집안일도 조금씩 하면서 지내왔다. 그런데 희귀병이 아니라고 정부 지원금도 안 나오지, 도와주는 사람도 없지, 자식들도 지네들 살기 바쁘다 하고…… 돈이 바닥나면 그냥 콱 죽어버렸으면 좋겠다. 방법이 없겠나?"

사례 4 (최○○, 여성, 23세)

길랭 바레 증후군(운동신경병증)을 앓고 있는 환자는 2005년 2월 인공호흡기를 달았다. 근육 기능이 마비되어 움직일 수 없었고, 식사는 영양공급관을 통해 주입되고 있었다. 가족과는 눈을 깜빡여서 의사소통하고, 아주 단순한 대화만 가능했다.

그녀 아버지의 심경은 복잡했다. "'아빠 살려줘!' 하며 얼굴이 파래지면서 발버둥 치는데 호흡기를 달 수밖에 없었다. 그런데 이럴 줄 알았다면 그때 눈 딱 감고 그냥 편히 보내주는 거였는데…… 살림하랴, 아이 간병하랴, 돈 빌러 나갈 생각은 꿈에도 못 한다. 이게 어디 사는 건가? 돈이 있어서 요양원이라도 보낼 수 있다면……" 엄마 역시 힘든 시간을 보내고 있었다. "아이 얼굴을 볼 수 있어서 후회는 없다. 하지만 잠도 잘 못 자고 화장실도 맘 놓고 못 간다. 게다가 나까지 몹쓸 병에 걸렸으니, 뭘 제대로 해주지 못하고 보고만 있어야 하는 게 마치 천벌을 받는 것 같다."

환자의 생각도 물어봤다. "인공호흡기 하고 있는 거(엄마 아빠를 볼 수 있으니) 후회 안 해요? 그렇다면 눈을 깜빡해보세요." 환자는 눈을 깜빡여 보였다. 다른 질문도 던졌다. "혹시 인공호흡기 단 거 후회해요? 그렇다면 눈을 깜빡해보세요." 이에 환자는 눈을 깜빡이지 않고 물끄러미 쳐다보기만 했다.

사례 5 퇴원을 거부하는 뇌종양 환자 보호자의 속사정

마흔 살의 그는 두통 때문에 응급실을 찾았다. 2년 전부터 갑자기 계산 능력이 떨어지고, 1년 전부터는 오른팔과 다리의 힘이 저하되면서 걸을 때 한쪽으로 쏠리곤 했다. 최근에는 소변이 갑자기 마려우면 참을 수 없었고, 걷는 속도는 전에 없이 느려졌을 뿐 아니라 원하는 단어를 입 밖으로 내는 게 어려워졌다.

MRI 검사 소견상 '뇌종양'이 의심되어 제거 수술을 받았다. 조직검사를 해보니 서서히 진행되는 종양으로 확진되었다. 하지만 수술을 받았는데도 불구하고 환자의 전신 상태는 호전되지 않았다. 의식은 명료한 편이었지만 지능은 저하되어 있었고, 기관 절개 상태이긴 했으나 산소를 필요로 하진 않았다. 영양 공급은 튜브로 이뤄졌다. 수술 후 1년쯤 되자 더 이상 의학적 문제가 일어나지 않고 안정되었다. 그렇지만 하루 종일 병상에 누워 지냈고, 휠체어를 이용해 가끔 움직일 따름이었다.

수술 후 3년째. 의학적으로 추가 치료를 함으로써 호전된다거나 할 기미가 없다고 의료진은 판단했다. 이에 거주지 근처 요양병원으로 가서 돌봄care을 받는 게 낫다고 여겼다. 환자가 장기 입원함으로써 급한 치료를 받아야 하는 다른 이들의 입원이 미뤄지는 것도 병원 운영상의 한 가지 어려움이었다. 하지만 환자의 보호자들은 퇴원하지 않겠다며 맞섰다.

이전에 환자는 수술 후 퇴원해 집으로 간 적이 있었다. 얼마 후 보호자들은 간병을 감당하지 못해 다른 병원 응급실로 옮겼지만 입원 거부를 당했다. 이에 그들은 수술 받은 병원에서 환자가 사망할 때까지 계속 입원시켜줄 것을 요구했다. 그리고 언젠가부터 이들 보호자는 병원에 아예 나타나지 않았다. 어렵게 아내에게 연락이 닿았지만, 그녀는 '퇴원을 강요하면 담당 의사를 칼로

찔러 죽여버리겠다'며 여러 차례 협박을 가했다.

환자 아내의 주장은 이랬다. 가입한 생명보험 규정상, 환자가 상급종합병원에 입원해 있어야 간병 비용에 대한 보상금을 받을 수 있다는 것이다. 이에 결국 병원 법무팀이 개입해 환자는 거주 지역의 요양병원으로 옮겨졌다. 그는 두 차례에 걸쳐 총 3년 4개월 동안 병원에 입원해 있었다.

입원해서 사망할 때까지 환자 본인의 의견은 누구도 물어보지 않았다. 간병인의 사정 그리고 생명보험 규정이 오히려 중요했다. 이런 이유로 많은 사람이 병원에서 죽음을 맞는다.

8

의료는 '환자 돌봄'에서
시작된다

『목민심서』에서 다산 정약용은 전염병 환자들을 관청에 모아 정성으로 보살핌으로써 많은 환자를 살린 수나라 문신 신공의를 고을 수령들이 본받을 것을 권했다. 왜냐하면 그 시대에는 염병이 발생하면 가족들이 환자를 버리고 도망가 환자가 굶어 죽는 일이 드물지 않았기 때문이다. 1854년 크림전쟁에서 부상당한 병사의 절반이 죽어가고 있다는 보도에 충격을 받은 나이팅게일은 38명의 간호사와 함께 야전병원으로 달려갔다. 그로부터 수개월 뒤 부상병의 사망률은 2퍼센트로 줄어들었다.

현대 의학의 관점에서 봤을 때 신공의나 나이팅게일은 제대로 된 의약품도, 의료 기술도 갖추지 못했지만 환자들을 먹이고, 상처를 닦아주고, 곁에 머무르며 돌봐준 것만으로도 많은 생명을 구할 수 있었다. 동서양의 역사에서 의료 행위의 본질은 항상 '돌봄'이었고, 첨단 과학이 지배하는 현대 의학에서도 '돌봄'은 여전히 의료의 필수 요건이다.

대가족 중심의 전통사회에서 환자를 돌보는 것은 가족의 책임이었고, 공중위생 문제를 유발하는 전염병, 전쟁터의 부상자, 가족의 보살핌을 받기 어려운 환자와 같은 특별한 이들에 한해 국가나 사회가 돌봄 문제에 개입했다. 40여 년 전 우리나라의 국민건강보험제도 역시 환자의 간병은 당연히 가족이 맡는 것을 전제로 만들어졌고 지금도 변함이 없다.

그러나 한국의 1~2인 가구는 62퍼센트에 달했고, 전체 가구의 39퍼센트가 1인 가구다. 3인 가족 이상이라 하더라도 부모와 미혼 자녀로 구성된 경우가 대부분이며 여성의 취업률은 계속 증가하고 있다. 노인 부부로 구성된 2인 가구, 미혼과 이혼으로 인한 중장년 1인 가구, 부부가 함께 일해 가계를 꾸려나가는 가족 구조 등에서 장기간 입원이 필요한 환자가 생기면 간병은 큰 문제로 다가온다.

하지만 건강보험 수가에는 간병과 관련된 비용이 포함돼 있지 않다. 선진국에서는 의료에 필수적으로 포함되는 간병 서비스를 한국의 의료 정책은 외면하고 있다. 2008년부터 노인장기요양보험제도를 실시하고 있지만 65세 이상 노인에게 해당되거나 또는 65세 미만에서는 노인성 질병을 가진 자만 수급 대상자로 지정되고 있다. 이런 조건에 부합하더라도 간병비 지원은 요양 시설이나 집에 있을 때만 가능하다. 병이 악화되어 의료기관에 입원하면, 일 반 환자뿐 아니라 요양병원에 입원한 노인 환자조차 간병 지원을 받을 수 없다.

중증 질환으로 진단되면 검사비와 약값은 건강보험이 대부분을 지원해주고 본인은 5퍼센트만 지불하면 되지만, 거동이 불편한 환 자를 돌보는 간병인은 개인 부담으로 고용하거나, 가족 중 누군가 가 직장을 그만두는 희생까지 감수해야 한다. 지금도 병원의 모든 시스템은 40년 전과 마찬가지로 환자를 간병할 가족이 있는 것을 전제로 운영되기에 보호자 없이 혼자 병원에 오는 환자는 입원하 기가 두려울 수밖에 없다.

매년 8만여 명의 암 환자가 극심한 고통을 겪으면서 임종을 맞 고 있다. 이 과정에 호스피스·완화의료라는 적극적인 간병 서비 스가 절실한데도 불구하고 재원이 부족하다는 이유로 미뤄오다가 2017년 8월에야 건강보험 지원을 받게 되었다. 전체 암 사망자 중 호스피스 전문 기관의 도움을 받는 환자는 22퍼센트에 불과하다. 이와 반대로 효능이 충분히 입증되지 않아 우리보다 소득 수준이 높은 선진국에서도 보험 급여가 되지 않는 고가의 검사나 신약에 대한 급여 확대에 한국은 보험 재정을 쏟아붓고 있다.

장기 간병에 지쳐 노인 부부가 동반 자살을 하고, 부모나 자식 인 환자를 살해하는 등의 사건이 끊이지 않고 있다. 대부분 만성 질환을 앓고 있는 노인들의 간병 문제를 의료와 분리해서 접근하 는 정책은 현실과 맞지 않는다. 의료는 첨단 의료 기술과 신약이 아니라 환자 '돌봄'에서 시작된다. 국민이 커다란 고통을 겪고 있는 필수적이고 기본적인 문제를 해결하는 데 건강보험 재원과 국가 예산이 우선적으로 배정되어야 한다. 현재 우리나라 의료 정책의 최우선 과제는 '간병'이다.

잊었던 질환의 재발견

50대 후반의 남자가 일주일 전부터 잠을 자지 않고 헛소리를 하며, 죽은 사람이 보인다는 둥 이상한 행동을 나타내 집 근처 병원에서 진정제 주사를 투약받았다. 하지만 상태는 호전되지 않았다. 벌레가 기어간다며 이불을 가위로 자르는 등 이상 증세가 점점 더 심해지자 그는 사지가 묶인 채 구급차로 서울대병원 응급실에 실려왔다.

폐암으로 4년째 항암 치료를 받아왔던 터라, 의료진은 폐암이 신경계로 전이되어 나타난 증세로 추정하고 MRI 뇌 촬영, 뇌 척수액 검사를 했지만 이상 소견을 발견하지 못했다. 환자의 의식 상태는 점점 더 악화되었고, 그렇게 원인은 미궁 속으로 빠졌다.

그러던 중 신경과 의사가 영양결핍에 의한 신경 증세일지도 모른다며 비타민 B1(티아민) 주사를 제안했고, 부작용이 없는 치료인 터라 다른 의사들의 반대 없이 투약이 이뤄졌다. 투약 후 48시간이 지나기 전에 환자가 깨어나더니 닷새 후에는 정상 상태로 돌아왔고 이레째 퇴원할 수 있었다.

환자는 임상적으로 비타민 B1 결핍에 의한 각기병으로 유발된 신경 증세로 정리되었다. 어쩌다 이런 일이 일어났을까? 환자는 경남 고성에서 오랫동안 어부로 생활해왔는데, 폐암으로 인한 투병 기간이 길어지면서 더 이상 일을 하지 못하고 집에서 혼자 머무는 시간이 길어졌다.

최근에는 혼자 있으면서 제대로 된 식사는 하지 못하고 옥수수를 끓여 만든 죽만 계속 먹으면서 술도 많이 마셨다고 한다. 비타민 B1은 옥수수에도 함유되어 있지만 열에 약해 쉽게 파괴될뿐더러 환자의 알코올 섭취가 상태를 악화시킨 것으로 판단되었다.

각기병의 원인이 비타민 B1 결핍으로 밝혀진 것은 100년 전쯤이다. 도정한 쌀을 주로 먹던 일본인에게 자주 발생한다고 알려져왔고, 균형된 식사가 이뤄지면서 더 이상 사회 문제가 된 적이 없었다.

하지만 잊었던 질환들도 제대로 보살핌을 받지 못하면 오늘날에도 발생할 수 있다. 이런 점은 독거노인 등을 감별 진단할 때 고려되어야 할 것이다.•

이 환자처럼 만성질환을 앓고 있는 환자에게는 투약 이상으로 중요한 것이 간병이다. 식사뿐 아니라 숙소, 통제할 수 없는 음주나 흡연 등이 환자에 경과에 영향을 미친다. 독거노인 등 1인 가구가 증가하는 사회 변화를 고려한 환자돌봄 정책이 마련되어야 하는 이유다.

• 　이 사례는 동료 교수의 소개로 알게 된 증례를 정리한 것이다.

제6장

삶은 어떻게 마무리되는가

환자의 수기

간암 환자에게 단식이라니

출근하자마자 응급실에서 전화가 걸려왔다. 내가 진료했던 환자가 정신을 잃은 채 병원에 실려왔다는 것이다. 환자에 관한 자료를 찾아보니 불과 일주일 전에 퇴원한 50대 후반의 남자 간암 환자였다. 이렇게 단기간에 상태가 악화된 것을 의아하게 여기면서 응급실로 달려갔다. 내 환자는 황달과 복수가 찬 증상을 보였고, 주변 사람을 알아보지 못하는 혼수상태였다.

수년 전 간암으로 진단된 그는 색전술과 항암제 치료를 하면서 계속 투병해왔는데, 최근 더 이상 항암 치료에 반응이 없어 퇴원했다. 환자와 그의 아내는 모두 대학교수이고 병이 악화되는 과정을 잘 이해하고 있었다. 항암 치료에는 반응하지 않지만 환자의 전신 상태는 나쁘지 않아 한동안은 평소처럼 생활이 가능할 터였고 증세가 악화되면 회복이 어렵다는 의료진의 이야기를 잘 수긍하는 듯 보였다.

응급실에 도착해서 환자를 진찰한 뒤 옆을 보니 당황한 기색이 역력한 모습의 부인이 서 있었다. 일주일 전에 비해 전신 상태가 급격히 나빠진 것을 이해할 수 없어 그동안 무슨 일이 있었는지 물어봤다. 우리나라에서 간암 환자의 상태가 갑자기 악화되는 것의 대부분은 한약이나 말기 환자를 대상으로 파는 '기적의 약' 같은 것을 복용한 경우여서 평소에 먹지 않던 것을 먹었는지도 물어봤다.

그런데 환자를 혼수상태에 이르게 한 원인은 무엇을 먹었기 때문이 아니라 오히려 아무것도 먹지 않은 데 있었다. 그는 금식기도원에 가서 단식을 한 것이었다. 병원에서 퇴원한 그는 자신의 병이 불치병이고 조만간 사망하리라는 사실을 받아들일 수 없었다. 주변에서는 많은 사람이 "이것을 해봐라, 저것을 먹어봐라"라며 조언을 했고 그중에는 "금식기도로 말기 암 환자가 완치되었다"는 이야기도 있었다.

환자는 그 금식기도원을 수소문해 찾아가 금식기도를 시작한 지 사흘 만에 혼수상태에 빠졌다. 간암 환자들은 대부분 간경변을 동반하고 간 기능이 저하되어 있어 금식과 같은 극단적인 자극을 받으면 '간성 혼수' 상태를 유발한다. 다시 입원한 그는 계속 혼수상태로 있다가 나흘 뒤 사망했다.

이 환자는 집에서 요양하면서 있었더라면 최소한 수개월은 가족과 함께 삶을 마무리할 시간을 가질 수 있었을 텐데 갑자기 죽어 버렸다. 사실 우리나라에는 불치병을 고친다는 수많은 금식기도원과 안수기도원이 있고 기도원에서 중태에 빠져 응급실로 실려오는 이가 적지 않다. 하루빨리 말기 암 환자가 집에 방치되어 있지 않고 자연스럽게 호스피스 간병 보호를 받을 수 있는 제도가 확립되어 기도원에서는 기도만 하게 되기를 바란다.

"그럼 이제 강아지 키워도 되나요?"

악성림프종으로 6개월 동안 받던 항암 치료를 마치고 외래에서 정기 검진 중이던 환자가 검사 결과가 양호하다는 소식을 듣고는 머뭇거리며 꺼낸 말이다.

수년 전 호스피스 봉사자가 임종에 임박한 40대 유방암 말기 환자에게, 만약 건강이 조금이라도 회복된다면 하고 싶은 일이 뭐냐고 물었더니 '설거지'라고 답했다는 걸 전해 듣고 가슴이 먹먹했던 기억이 되살아났다.

힘겨운 항암 치료 과정을 견뎌내는 환자 대부분은 아프기 전의 일상을 그리워한다. 청소년기의 환자들에게 '병이 나으면 뭐가 하고 싶니?'라고 물으면 십중팔구는 학교에 가고 싶다 하고, 심지어 기말고사나 수능시험을 치러 가고 싶다고 부탁해오기도 한다.

직장을 가진 환자가 체력이 허락하는 마지막 순간까지 일을 놓

지 않으려 하는 경우를 종종 보는데 이는 반드시 경제적 이유에서
만은 아니다. 항암 투병 중 교원임용시험 준비를 해서 합격했지만
병이 진행되어 임종이 임박한 상태인데 연수 교육을 다녀오겠다고
했던 젊은 여성 환자도 있었다.

죽기 전에 꼭 하고 싶은 일들을 다룬 '버킷 리스트' 영화에서는
살면서 하지 못해 후회했던 일들을 하나씩 성취해나가지만, 대부
분의 암 환자는 지금까지 일상에서 해오던 일을 계속하지 못하게
되는 것을 두려워하고 슬퍼한다.

만약 죽음의 그림자가 짙어져가는 입원실에 누워 있는 처지라면
나는 무엇을 가장 하고 싶고 무엇을 가장 그리워하게 될까?

고아로 자란 청년의 임종 풍경

20대의 남자 환자가 말기 암 진단을 받아 호스피스로 입원했다. 그
환자에게 유다른 점이 있다면, 부모 없이 '고아'로 성장했다는 것이
었다. 여러 봉사자가 와서 그를 돌봤는데, 중년 여성 봉사자 한 분
이 특히나 열심히 보살펴줬다.

암이 진행되면서 전신 상태가 나날이 악화돼가던 어느 날, 환자
는 호스피스의 수녀님에게 소원을 털어놨다. "태어나서 한 번도 어
머니라는 말을 못 해봤는데, 죽기 전에 저를 돌봐준 봉사자 아주
머니를 '어머니'라고 불러봐도 될까요?" 그 소원은 봉사자 아주머
니에게 전해졌고, 그녀도 흔쾌히 환자의 청을 들어주겠다고 약속

했다.

　임종을 앞둔 어느 날, 환자는 아주머니께 '어머니'라 불렀고, 그녀가 그 환자를 껴안아주자 한동안 울음을 터뜨리며, "어머니, 어머니" 하고 부르다가 숨을 거두었다고 한다.

　대부분의 사람이 당연히 소유하고 누리는 일을 어떤 이들은 한 번도 경험하지 못해 상처로 간직하고, 또 그것을 채 치유받지 못하고 세상을 뜨기도 한다. 일반적인 병원에서 하지 못하는 일 가운데 호스피스가 할 수 있는 대표적인 것이 이처럼 상처 치유를 돕는 일일 것이다.●

죽기 전 장례식장에 들려줄 메시지를 녹음했던 의사

서울의대 학장을 지냈던 고 명주완 교수(1905~1977, 신경정신과)가 동료 및 후배 교수들에게 전하고 싶은 이야기를 임종 전에 육성으로 녹음해 장례식에 참석한 사람에게 들려달라고 한 일이 있었다.

　"○○ 교수 오셨나요? 평생 신세 많이 졌습니다. 감사합니다" "○○ 선생, 내가 지도교수로 평소에 못다 한 말을 한마디만 남기겠네" 등으로 이어진 육성은 장례식에 참석한 이들을 놀라게 했고, 참신한 충격을 던져줬다.

●　포천 모현 호스피스센터에서 일하셨던 수녀님으로부터 전해 들은 이야기다.

어떤 이에게는 죽음이 '삶의 끝'이지만, 명 교수와 같은 이들에게는 죽음이 '삶의 완성'이었다. 최근 호텔처럼 화려한 장례식장과 긴 조화 행렬에서는 노교수의 삶을 마무리하는 것과 같은 모습을 찾아보기 어렵다.

아빠의 마지막 노래

가깝게 지내던 나의 친척 형이 간암으로 3년간 투병하다가 말기에 접어들었다. 6월 어느 날 황달이 심하게 진행되면서 혼수상태에 빠져 응급실에 도착했다. 간성혼수에 대한 집중적인 치료를 한 지 사흘째가 되어서야 겨우 의식이 돌아왔다.

의식이 어느 정도 회복되자, 형의 주치의는 아니었지만 문병 겸 매일 병실을 방문하던 나에게 "자기 삶이 얼마나 남았는지 솔직한 이야기를 듣고 싶다"고 했다. 의사로서 가족이나 가까운 지인에게 직접 좋지 못한 소식을 전하는 것은 정말 피하고 싶은 일이다. 그렇지만 이미 본인의 상태를 짐작하고 물어보는 간절한 눈빛에 "의학적 상황을 정확히 예측하는 것은 쉽지 않지만, 별로 길지 않은 시간이 남아 있고 갑자기 악화되어 의식을 다시 잃으면 회복하지 못할 수도 있다"고 말할 수밖에 없었다.

이튿날 형의 실망한 모습을 볼 수 없어 문병을 가지 않고 담당 간호사에게 환자의 상태를 물어봤더니 뜻밖의 말을 했다. 병실에서 가족이 울기도 하지만, 때로는 노랫소리도 들리고 함께 웃는

소리도 들린다는 것이었다.

일주일 후 환자가 사망했고, 영안실에서 유족을 만나 삶의 시간이 얼마 남지 않았다는 내 이야기를 들은 후 어떤 변화가 있었는지 이야기를 들을 수 있었다. 가까운 가족을 병실로 불러 이야기를 나누었고, 친구들에게는 전화로 작별 인사를 했다. 딸에게는 "아빠가 이 세상에 없다면 무엇이 가장 그리울 것 같으냐?"고 물었다. 딸이 잠시 생각하다가 "아빠가 술을 드시고 집에 들어오면서 기분 좋게 노래를 부르는 모습"이라고 답하자, 바로 녹음기를 가져오게 한 뒤 노래를 부르고 녹음해서 딸에게 건네주며 아빠가 생각날 때 들으라고 했다고 한다.

사망할 때도 심폐소생술과 같은 연명의료를 시행하지 않았고, 중환자실에도 가지 않았으며 가족들이 지켜보는 가운데 편안하게 임종했다. 이렇게 자신의 죽음을 받아들이고 사랑하는 사람들을 위해 남은 시간을 쓸 수 있다면 가는 사람도, 남은 사람도 마음이 한결 가벼울 것이다.

2

존엄한 마무리

무엇이 존엄한 죽음일까? 임종을 어떻게 맞이하는 것이 적절한지 쉽게 말할 순 없다. 그러나 어떤 죽음이 적절하지 않은 모습인지에 대한 생각은 정리해볼 수 있다. 윌리엄 폴 영의 소설 『오두막The Shack』에는 연쇄살인범이 열 살 된 어린 딸을 납치하여 살해하자 시체조차 찾지 못하게 된 아버지의 처참한 심정을 기술하고 있다.

천안함과 세월호 사건에서도 시신을 찾지 못한 유족들은 더 큰 고통을 당하는 모습을 보였다. 남은 가족들은 마지막으로 시신이 편안히 잠든 모습이라도 보기를 원한다. 또 '한을 품고 죽는다'는 표현은 영적으로 고통받는 임종을 의미한다. 존엄하지 못한 죽음의 예를 통해 존엄한 죽음의 의미를 정리해보면 아래의 표와 같다.

	존엄하지 못한 죽음	존엄한 죽음
육신	고통 속에 죽음을 맞이함 편안히 잠들지 못함	육체적으로 편안한 죽음
정신(영적)	'한'을 품고 죽음 고통, 원한, 상처를 남김	고통과 상처를 치유하고 마음에 걸림이 없이 임종을 맞이함

존엄하지 못한 죽음과 존엄한 죽음

위의 표에 바탕해 무의미한 연명의료의 문제점과 대안을 정리하면 다음의 표와 같다.

	존엄한 죽음	무의미한 연명의료	대안
육신	육체적으로 편안한 죽음	심폐소생술, 인공호흡기 등으로 불필요한 고통을 임종 환자에게 가중시킴	완화의료
정신(영적)	고통과 상처를 치유하고 마음에 걸림이 없이 임종을 맞이함	임종을 앞둔 2~3개월의 귀중한 시간을 연명 장치에 의존하여 중환자실에서 보냄. 따라서 환자의 일생에서 발생한 상처를 대화를 통해 풀고 갈 기회를 박탈	호스피스

무의미한 연명의료가 존엄한 죽음을 방해하는 이유

또 자신의 몸을 스스로 돌보는 것self-care이 불가능하다는 것은 한 인간으로서의 자긍심을 무너뜨린다. 대소변을 가리지 못해 다른 사람이 기저귀를 갈아주어야 하는 경우 삶의 의미에 대해 회의를 느끼곤 한다.

존엄한 삶의 마무리란 무엇인가

2013년 작고한 최인호씨가 본인은 '작가'로 죽고 싶은데, 병원에서는 한 사람의 '말기 암 환자'일 뿐인 것에 대해 안타까움을 표현했다는 말을 고인을 문병했던 수녀님으로부터 듣고, 수년 전 입적하신 법정 스님이 떠올랐다.

생전에 '무소유'로 존경받으셨던 법정 스님께서 돌아가신 후, 그가 서울의 한 대형 병원에 두 달가량 입원하여 수술, 치료를 하며 밀린 병원비 6000여 만 원을 재벌 회장 부인이 대납했다는 뉴스를 접하고 마음이 불편했었다. 임종을 앞두고 나무꾼도 다니지 않는 길로 걸어들어가 흔적도 없이 생을 마쳤다는 고승들의 죽음遷化을 평소에 원하셨던 법정 스님께 현대 의학이 한 일이 과연 무엇이었는지 회의감이 들었던 것이다.

의료기관에서 임종하는 말기 암 환자들이 매년 증가하고 있다(전체 암 사망자의 91퍼센트). 그들은 자기가 평소 원했던 삶의 마무리를 하고 있는 걸까? 2012년 서울대병원 자료를 보면, 사망 한 달 전에 응급실을 방문한 비율이 74.8퍼센트, 중환자실 입원 19.9퍼센트, 항암제 사용 비율이 42.7퍼센트였다. 진행 암 환자의 평균 생존 기간 8~10개월 중 항암제 투약을 받지 않고 지낸 기간은 10.4퍼센트로 대부분의 진행기 암 환자들이 마지막 순간까지 항암제 투약을 받다가, 임종 직전에야 호스피스의 돌봄을 고려했다. 이런 문제는 암 질환뿐만 아니라 오랜 기간 투병하다가 임종하는 대부분의 만성질환 환자에게도 해당된다.

통계청 자료에 의하면, 7340여 명(전체 말기 암 환자의 약 10퍼센트)이 집에서 임종하는데, 제대로 된 통증 조절을 받을 수 없어 대부분 극심한 통증을 겪으며 죽고 있다.

병원에서는 과도한 의료집착적 행위가 이루어지고, 집에서는 아무런 의료 지원을 받을 수 없는 양극단적 상황이 환자에게는 육체적 고통을 안기고 가족에게는 상처를 남긴다. 환자들과 상담하다보면 인간관계에서 상처를 입고 고통을 받는 경우를 자주 보게 된다. 그리고 대부분이 가까운 가족관계에서 기인한다. 죽기 전에 서로 용서하고 화해해 영적으로도 편안한 임종을 맞고 싶어하지만 그런 기회를 끝내 갖지 못하는 경우가 많은 것은 우리나라의 의료 상황과도 무관하지 않다.

의료진과 가족이 사전에 충분히 대화해 병원에서 임종을 맞이하는 경우에는 단순히 생물학적인 생명 유지를 위한 의료집착적 시술에 치우치지 말고, 환자의 가치관을 최대한 존중해 삶을 마무리할 수 있도록 도와줘야 한다. 가정에서 임종하길 원하는 경우에도 가정 호스피스를 통해 육체적인 고통을 최대한 줄여주는 의료 서비스 지원이 절실하다.

2013년 7월 61세의 나이로 타계한 여성 작가 제인 로터가 암으로 임종하면서 '자기 부고'를 직접 작성해 지역 신문 『시애틀타임스』의 유료 부고란에 실은 일이 세계적인 화제가 되었다. "나 자신의 부고를 쓸 시간을 가질 수 있는 것이 암 투병의 장점"이란 농담으로 시작해 남편, 자녀들에게 남기고 싶은 이야기와 함께 "나는 삶이라는 선물을 받았고, 이제 이 선물을 되돌려주려 한다"고 써 많은 사람에게 감동을 주었다.

제인 로터가 삶의 마지막 순간까지 항암 치료를 하고 인공호흡기 같은 연명 장치를 사용했다면 그녀를 알고 있는 이들에게 평소 모습대로 위트 있는 유머 작가, 다정한 아내와 엄마로서 기억을 남기며 삶을 마무리할 수 있었을까?

우리가 이 세상을 하직할 때 남은 이들에게 '어떠한 누구로서' 기억되고 싶은지 질문을 던져본다면 그 안에서 '존엄한 삶의 마무리'에 대한 각자의 답을 찾을 수 있을 것이다.

어떻게 임종할 것인가

말기 암으로 투병 중인 50대 남자 환자가 폐렴이 악화돼 점점 심해지는 호흡곤란으로 인공호흡기 사용이 불가피한 상태가 됐다. 인공호흡을 시작한 뒤 폐렴이 호전되지 않으면 앞으로 대화를 전혀 할 수 없으니 가족에게 환자와 나누고 싶은 이야기가 있으면 지금 다 하셔야 한다고 설명했다.

시술을 하기 전 온 가족이 모여 아내는 반평생을 함께해왔던 남편에게, 자녀들은 아버지에게 하고 싶은 말을 울먹이며 이어갔다. 환자는 숨이 차서 제대로 대답도 못 하고 고개만 끄덕였다. 환자가 임종한 후 유가족을 만나 고인에 대한 이야기를 나눌 기회가 있었는데, 아내와 자녀 모두 중환자실에서 인공호흡기에 의존해 연명했던 긴 기간보다 고인과 마지막으로 함께 대화를 나눈 짧은 시간을 소중하고 의미 있는 기억으로 간직하고 있었다.

악성뇌종양으로 시한부 판정을 받은 미국의 29세 여성이 스스로 목숨을 끊을 것이라고 유튜브에 예고하고 세상을 마감한 사건이 있었다. 의사 처방을 받아 약물로 자살하는 안락사 방식을 선택한 것에 대해 세계적으로 많은 논쟁을 불러일으켰지만, "가까운 가족과 사랑하는 이들에게 둘러싸여 조용히 평화롭게 죽음을 맞고 싶다"는 그녀의 바람에 이의를 제기하는 사람은 없었다.

우리나라에서도 '웰다잉'에 대한 논의가 진행되고 있다. '웰빙'과 달리 영어권 국가에서는 사용하지 않는 '웰다잉'이라는 신조어가 유독 한국에서만 쓰이는 데에는 선진국에 비해 임종기 환자에게 연명의료 장치를 사용하는 빈도가 유난히 높은 의료 환경도 한몫한다.

어떤 모습으로 임종하는 것이 바람직한가에 대한 정답은 쉽게 찾을 수 없겠지만 자신의 임종이 어떠한 모습이기를 바라는지 구체적으로 떠올려본다면 '웰다잉'의 본질에 좀더 가깝게 다가갈 수 있을 것이다.

집을 떠나 외지에서 사망하는 '객사'를 불행으로 여기고, 부모의 임종을 지키지 못한 것을 큰 불효로 생각하는 한국 문화를 곰곰이 되새겨보면 외롭게 세상을 하직하는 것은 좋은 임종이 아니라고 여기는 우리의 속마음을 들여다볼 수 있다. 독신자들은 혼자 집에서 죽는 것을 가장 두려워한다고 한다. 객사가 단순히 장소의 문제는 아닌 것이다. 마찬가지로 '웰다잉'의 의미를 단순히 병원이 아닌 곳에서 임종하는 것, 혹은 연명의료를 하지 않는 것으로만 제한해서는 안 된다.

가족을 떠나보내는 사람 입장에서 좋은 임종은 편안하게 죽는 모습을 보는 것이다. 2011년 동일본 대지진 당시 해일로 아내를 잃은 57세 남성은 잠수사 자격증까지 취득하고 "아내가 이미 사망했다는 것을 알고 있지만 차가운 바다 밑바닥에 가라앉은 채로 있는 건 너무 불쌍하다. 내 손으로 아내를 찾아 반드시 집으로 데려갈 것"이라며 실종된 아내의 시신을 계속해서 찾았다. 천안함 사태나 세월호 참사에서도 가장 큰 슬픔과 고통을 감수해야 하는 사람들은 자식의 시신을 찾지 못한 부모들이었다.

환자들이 질병으로 인한 통증과 별개로 인간관계 때문에 고통받을 때 들여다보면 주로 가족 간의 문제가 원인이다. 그러나 전문 상담사가 도와주지 않으면 마지막까지도 서로 용서하고 화해하기 위해 대화를 나누는 일조차 매우 힘들어하는 이들이 많다.

더 이상 항암 치료에 반응하지 않아 말기 상태라고 이야기하면, 환자와 가족은 "얼마나 더 살 수 있겠는가"라고 묻는다. 잔여 생명의 기간에 관심을 갖는 것은 당연한 일이지만, 어떻게 임종을 준비하면 좋을지를 의논하는 경우는 거의 없다. 임종 장소, 만나고 싶은 사람들과의 약속, 마지막 남기고 싶은 것들의 정리 등은 미리 계획을 세우는 것이 좋다. 죽음을 받아들이지 못하고 끝까지 연명의료에 매달리다가 환자가 사망한 뒤 그런 시간을 갖지 못한 것을 후회하는 가족이 대부분이다.

　연명의료장치를 제거하고도 장기간 생존한 사례에서 볼 수 있듯이 언제 죽을 것인지는 의료진도 정확하게 예측할 수 없다. 그러나 삶의 마지막 모습은 당신이 원하는 대로 미리 준비할 수 있다.

3

이토록 소중한
삶의 모든 순간

암이라는 무서운 이름

그것이 어떤 종류일지라도 암이라는 진단을 받는 순간, 환자는 두려
움에 휩싸인다. 항암 치료 성적이 높아져 99퍼센트에 가까운 5년 생
존율을 보이는 암이라고 해도 치료에 실패해 사망하는 단 1퍼센트
에 자신이 속할지도 모른다는 걱정을 떨치기는 어렵다. 최근 5년
간(2011~2015) 진단받은 암 환자의 5년 상대 생존율은 70.7퍼센트
로 향상되었지만 암은 여전히 두려운 질환이다.

5년간 아무 일이 없었다지만 10년 후 재발하는 예외들이 있어
어떤 의사도 100퍼센트 안전을 장담할 수는 없기 때문이다. 그래서
암을 진단받는 그 순간, 지금까지 살아온 평범한 일상은 그 어느
때보다 소중하고 절실한 시간이 된다. '앞으로 얼마나 더 살 수 있

을까요?' '아이가 대학 갈 때까지 살아 있을까요?' '직장이나 학교를 계속 다녀도 될까요?' '막내딸이 시집가는 걸 볼 수 있을까요?' 당연하게 생각했던 미래의 시간들을 간절히 원하게 되는 것이다.

암은 퍼진 정도에 따라 1기에서 2기, 3기, 4기로 분류한다. 위암의 경우 1기 환자의 5년 생존율은 90퍼센트다. 그리고 2기 생존율이 70퍼센트, 3기는 40퍼센트, 4기는 10퍼센트다. 유방암 환자의 생존율은 이보다 높은 편이다. 1기는 98퍼센트, 2기는 97퍼센트, 3기는 79퍼센트, 4기는 36퍼센트 수준이다.

초기가 아니면 말기라고 생각하는 것은 섣부른 판단이며 대부분의 환자가 암이 진행된 시기에 진단을 받는다. 신체의 여러 곳으로 암이 퍼진 4기 암 환자도 적절한 항암 치료를 통해 완치되는 경우가 적지 않다. 수술이나 방사선 치료, 항암제와 같은 적극적인 항암 치료에 더 이상 반응하지 않고 전신 상태가 빠르게 악화되어 남은 생존 기간이 2~3개월로 예상될 때에만 '말기'라는 표현을 쓴다. 말기 암을 진단받은 환자는 초조함이 극대화되기 마련이다.

의사가 통계에 근거해 평균적인 잔여 생존 기간을 알려주면 환자와 보호자는 그 숫자에 집착하게 된다. 그러나 말기로 진단받고도 1년 이상 생존하는가 하면, 수일 내에 사망하는 환자들의 자료가 모여 2~3개월이라는 평균치가 산출된 것이기 때문에 개인차에 따른 실제 잔여 생존 기간은 의사조차 정확히 예측하기 어렵다.

하루의 의미가 그 어느 때, 어느 누구보다 소중한 말기 암 환자가 남은 삶을 받아들이는 모습은 저마다 다양하다. 현실을 받아들이지 못하고 단순히 생명 연장에 매달리는 경우가 많지만, 절망감에 더 일찍 자신의 생명을 포기하는 환자들도 있다. 그러나 어려운 순간을 담담하게 받아들이고 주어진 시간 안에서 최대한의 의미를 찾아가는 환자들도 있다. 그리고 그들은 남은 시간을 평소에 하려 했던 일들을 마무리하는 데 쓴다.

5000만 명이 넘는 우리나라 인구의 3명 중 한 사람이 암에 걸린다. 우리 가족 중 한 사람은 암에 걸리고, 나머지 가족은 암 환자의 보호자로 고통을 나눌 가능성이 크다. 나이가 들고 노년으로 접어들수록 주변에 암에 걸리는 지인이 하나둘 늘어가는 것을 지켜보며 우울해하거나 불안을 느끼는 이도 적지 않다. 우리 모두는 진행기 암과 같은 불확실성의 시대를 살아가고 있는지도 모른다.

'사람은 누구나 시한부 인생을 살고 있다'는 글을 읽는 순간에도 대부분의 사람은 삶이 영원히 지속될 것처럼 생각하고 행동한다. 반복되는 일상이 지겨워 짜증을 내기도 하고, 힘들고 지친 마음에 죽고 싶다는 말을 아무렇지 않게 내뱉기도 한다. 지금 해야 할 일, 하고 싶은 일을 언제 올지 모르는 내일로 미루는 것도 예사다.

내일이 언제나 올 것이라고 믿는 오늘과 내일이 없을 수도 있다는 것을 아는 오늘의 차이는 지금 내가 살고 있는 시간의 의미를 바꾼다. 힘들다고 불평하던 지난 일상의 시간뿐 아니라, 살아 있는 지금 이 시간 자체를 간절히 연장하고 싶은 게 암 환자들의 마음인 것을 안다면, 지금 내게 주어진 평범한 일상의 시간은 언제나 축복이고 기쁨일 것이다.

4

품위 있는 죽음,
누가 가로막는가

우리나라에서는 매년 약 29만 명의 사람이 사망한다. 이 중 사고나 급성질환 등으로 갑자기 세상을 떠나는 경우를 제외한 약 27만 명은 대부분 만성 질환으로 투병하다가 의료기관에서 임종하는데, 이들이 죽음을 맞이하는 두 가지 상황을 떠올려볼 수 있다.

첫째는 부산한 대형 병원 중환자실이나 병실에서 의식을 잃고 생명의 끈이 끊어지는 순간을 조금이라도 뒤로 미루기 위해 수많은 튜브와 약제에 의존한 채 누워 있는 모습이다. 둘째는 안락한 분위기의 침실이나 호스피스 시설에서 편안하게 돌봐주는 전문 간병인이 옆에 있고, 마지막 가는 길이 외롭지 않게 손을 잡아주는 가족이 모여 있는 풍경이다. 이 중에 자신이 원하는 삶의 마지막 모습을 고를 수 있다면, 대부분의 사람은 후자를 선택할 것이다.

그러나 안타깝게도 대한민국의 실제 상황은 정반대다. 말기 암 환자의 경우, 1991년 19.1퍼센트에 불과했던 병원 임종 비율이 2010년에는 무려 86.6퍼센트로 증가했다. 특히 사망 한 달 전에 중환자실에서 진료받은 환자의 비율은 2.7퍼센트에서 19.9퍼센트로 7배 이상 늘어났다. 다른 중증 질환 환자도 비슷한 상황이며, 임종기에 인공호흡기와 같은 연명의료에 의존하는 비율도 다른 선진국들에 비해 급속도로 상승하고 있다. 이렇듯 우리나라의 말기 암 환자들이 호스피스 시설이나 자기 집보다 대형 병원을 선호하고, 임종 직전까지 항암제를 투여받거나 응급실·중환자실을 이용하게 된 데에는 정부의 건강보험급여 정책도 한몫했다.

그동안 정부가 추진해왔던 4대 중증 질환에 대한 건강보험급여 보장성 강화 정책 자체는 국민에게 도움이 되는 일이었지만, 중증 질환자의 투약과 시술·검사 비용 부담을 줄여주는 방향 위주로 추진되다보니, 대형 병원에서 진료를 받을 수 있는 사람들이 주로 혜택을 받게끔 의료 전달 체계를 왜곡시키는 부작용을 낳았다. 현대 국가의 의료복지는 출생부터 사망까지 국민의 삶과 함께해야 하는데, 과거 후진국 시절처럼 일부에게 시혜를 베푸는 방식이라면 전체 국민에게 돌아가야 할 의료 자원을 일부가 남용하게 만들 위험이 있다.

4대 중증 질환 보장 확대 정책으로 암과 같은 중증 질환자들의 본인 부담금 비율이 2005년 9월부터 20퍼센트에서 10퍼센트로 낮아진 데 이어, 2009년 7월에는 다시 5퍼센트로 하락했다. 암 환자들이 병원에서 고가 검사를 받거나 항암제를 투여받고 연명의료를 위해 중환자실을 이용하는 게 본인 부담 5퍼센트의 비용만으로 언제나 가능해진 셈이다. 한 대학병원 조사에 따르면, 중증 질환 보장 확대 정책 이후 말기 암 환자 중 사망하기 4주 전까지 항암제를 투여받은 환자의 비율은 2002년 16.4퍼센트에서 2012년 42.7퍼센트로, 사망 2주 전까지 항암제를 투여받은 환자 비율도 10년 사이 5.7퍼센트에서 23.8퍼센트로 상승한 것으로 나타났다. 선진국에서는 임종이 가까운 환자에게 항암제를 투여하지 않는 것을 적정 진료로 평가하고 있으며, 환자가 편안하게 임종을 준비할 수 있도록 호스피스 진료를 적극 권장하고 있다.

그러나 우리나라는 환자의 고통을 경감시키기 위한 완화의료와 간병을 주로 수행하는 호스피스 진료에 대해서는 건강보험에서 지원을 하지 않고 있다가 2017년 8월부터 입원형 호스피스에만 급여가 인정되기 시작했다. 그렇다보니 대학병원들은 호스피스 병상 확보보다는 수익성이 높은 장례식장과 같은 부대 사업 투자에 더 집중하는 형편이다. 현재 호스피스 진료를 하고 있는 의료기관들은 재정 상태가 나빠 시설이 낙후되어 있으며, 환자의 거주지와 멀리 떨어진 지역에 위치하고, 자원봉사자 등의 인력에 의존하고 있다.

말기 암과 같은 중증 질환자와 그 가족들은 경제적 이유와 편의를 위해 진료를 받던 대형 병원에서 임종 기간을 보내고 장례식장까지 이용하기를 원하고 있다. 이런 현실적인 이유와 연명의료결정 과정에 대한 규제 중심의 제도, 이로 인한 의사들의 방어 진료가 겹쳐 매년 3만~5만 명의 말기 환자가 자신의 의사와 상관없이 심폐소생술이나 인공호흡기와 같은 무의미한 연명의료에 의지한 채 고통스럽게 임종하고 있다. 투약과 시술, 검사 위주로만 건강보험급여를 확대할 뿐, 선진국에서 당연히 실시하고 있는 간병에 대한 지원은 제대로 하지 않는 지금의 보험급여 정책은 품위 있는 죽음을 원하는 국민에게 걸림돌이 되고 있다.

암 보장성 강화 정책 이후 암 환자의 건강보험급여비 총액은 2004년 9915억 원에서 2012년 3조8970억 원으로 네 배 증가했지만, 우리나라에서 암으로 인한 환자 사망률은 낮아지지 않았다. 말기 암 환자에게 고가의 항암제와 중환자실에서의 연명의료 비용을 95퍼센트 지원하기 위해 투입되었던 예산의 일부만이라도 호스피스 진료에 썼더라면, 그들은 평소에 원했던 삶의 마지막 모습으로 편안하게 생을 마감할 수 있지 않았을까.

또 다른 문제는 암 환자와 같은 중증 질환자 중 대다수가 수도권에 위치한 대형 병원에서 진료를 받고 있는 반면, 호스피스 진료를 전문으로 하는 의료기관들은 영세한 데다 전국에 분산되어 있어, 환자 연계가 잘 이뤄지지 않고 있다는 점이다. 왜곡된 의료 전달 체계로 인해 대형 병원에서 의료 집착적인 진료를 받는 데 익숙해진 환자 및 그 가족들이 시설 수준이나 편의성이 떨어지는 호스피스 의료기관으로 옮겨갈 수 있게 하는 일은 앞으로 풀어야 할 숙제로 남아 있다.

최근 '웰다잉'에 대한 관심이 급격히 높아지고 있는 것은 많은 사람이 현재의 임종 문화를 불편하게 느끼고 있다는 방증이기도 하다. 이미 1~2인 가구가 50퍼센트를 넘고, 노인이 노인을 돌봐야 하는 고령화 시대에 접어들었다. 본인이든 가족이든 언젠가는 부딪혀야 할 문제이기에 간병과 임종 문제에서 자유로운 국민은 없다. 대다수 국민이 자신이 원하는 편안하고 품위 있는 임종을 맞이할 수 있게 호스피스 제도의 정착과 함께 정부의 전체적인 의료 정책의 틀도 다시 검토해야 할 시점이다.

<개정 2019. 3. 26.>   (앞쪽)

사전연명의료의향서

※ 색상이 어두운 부분은 작성하지 않으며, [ ]에는 해당되는 곳에 √표시를 합니다.

등록번호		※ 등록번호는 등록기관에서 부여합니다.	
작성자	성 명		주민등록번호
	주 소		
	전화번호		
호스피스 이용	[ ] 이용 의향이 있음		[ ] 이용 의향이 없음
사전연명의료 의향서 등록기관의 설명사항 확인	설명 사항	[ ] 연명의료의 시행방법 및 연명의료중단등결정에 대한 사항	
		[ ] 호스피스의 선택 및 이용에 관한 사항	
		[ ] 사전연명의료의향서의 효력 및 효력 상실에 관한 사항	
		[ ] 사전연명의료의향서의 작성・등록・보관 및 통보에 관한 사항	
		[ ] 사전연명의료의향서의 변경・철회 및 그에 따른 조치에 관한 사항	
		[ ] 등록기관의 폐업・휴업 및 지정 취소에 따른 기록의 이관에 관한 사항	
	확인	위의 사항을 설명 받고 이해했음을 확인합니다. 년 월 일 성명 (서명 또는 인)	
환자 사망 전 열람허용 여부	[ ] 열람 가능	[ ] 열람 거부	[ ] 그 밖의 의견
사전연명의료 의향서 등록기관 및 상담자	기관 명칭		소재지
	상담자 성명		전화번호

 본인은 「호스피스・완화의료 및 임종과정에 있는 환자의 연명의료결정에 관한 법률」 제12조
및 같은 법 시행규칙 제8조에 따라 위와 같은 내용을 직접 작성했으며, 임종과정에 있다는 의학적 판
단을 받은 경우 연명의료를 시행하지 않거나 중단하는 것에 동의합니다.

작성일   년   월   일
작성자   (서명 또는 인)

등록일   년   월   일
등록자   (서명 또는 인)

210㎜×297㎜[백상지(80g/㎡) 또는 중질지(80g/㎡)]

연명의료계획서

※ 색상이 어두운 부분은 작성하지 않으며, [　]에는 해당되는 곳에 √표를 합니다

등록번호	※ 등록번호는 의료기관에서 부여합니다.	

환자	성 명	주민등록번호
	주 소	
	전화번호	
	환자 상태　　　　[　] 말기환자	[　] 임종과정에 있는 환자

담당의사	성 명	면허번호
	소속 의료기관	

호스피스 이용	[　] 이용 의향이 있음	[　] 이용 의향이 없음

담당의사 설명사항 확인	설명 사항	[　] 환자의 질병 상태와 치료방법에 관한 사항
		[　] 연명의료의 시행방법 및 연명의료중단등결정에 관한 사항
		[　] 호스피스의 선택 및 이용에 관한 사항
		[　] 연명의료계획서의 작성・등록・보관 및 통보에 관한 사항
		[　] 연명의료계획서의 변경・철회 및 그에 따른 조치에 관한 사항
		[　] 의료기관윤리위원회의 이용에 관한 사항
	확인 방법	위의 사항을 설명 받고 이해했음을 확인하며, 임종과정에 있다는 의학적 판단을 받은 경우 연명의료를 시행하지 않거나 중단하는 것에 동의합니다.
		[　] 서명 또는 기명날인　　　　년　　월　　일 성명　　　(서명 또는 인)
		[　] 녹화
		[　] 녹취
		※ 법정대리인　　　　　　　　　년　　월　　일 성명　　　(서명 또는 인)
		(환자가 미성년자인 경우에만 해당합니다)

환자 사망 전 열람허용 여부	[　] 열람 가능	[　] 열람 거부	[　] 그 밖의 의견

「호스피스・완화의료 및 임종과정에 있는 환자의 연명의료결정에 관한 법률」 제10조 및 같은 법 시행규칙 제3조에 따라 위와 같이 연명의료계획서를 작성합니다.

년　　월　　일

담당의사

(서명 또는 인)

210mm×297mm[백상지(80g/㎡) 또는 중질지(80g/㎡)]

http://www.ama-assn.org/ama/pub/category/8390.html

Bhumsuk Keam, Do-Youn Oh, Se-Hoon Lee, Dong-Wan Kim, Mi Ra Kim, Seock-Ah Im, Tae-You Kim, Yung-Jue Bang, Dae Seog Heo. 'Aggressiveness of cancer-care near the end-of-life in Korea,' *Japanese Journal of Clinical Oncology*. 2008 (In Press).

Bomba PA, Kemp M, Black JS. 'POLST: An improvement over traditional advance directives,' *Cleve Clin J Med*. 2012 Jul; 79(7):457-64.

Bulow HH, et al, 'The world's major religions' points of view on end-of-life decision in the ICU,' *Intensive Care Medicine* 2008; 34(3):423-430.

Choi Y, Keam B, Kim TM, Lee SH, Kim DW, Heo DS. 'Cancer treatment near the end-of-life becomes more aggressive: changes in trend during 10 years at a single institute,' Cancer Res Treat. 2014 (in press)

Council on Ethical and Judicial Affairs, American Medical Association. 'Medical Futility in End-of-Life Care: Report of the Council on Ethical and Judicial Affairs,' *JAMA* 1999; 281: 937-941

David F. Kelly, *Contemporary Catholic Health Care Ethics*, Georgetown

University Press, 2004.

Kim do Y, Lee KE, Nam EM, Lee HR, Lee KW, Kim JH, Lee JS, Lee SN. 'Do-not-resuscitate orders for terminal patients with cancer in teaching hospitals of Korea.' J Palliat Med. 2007 Oct; 10(5):1153-8.

Molloy DW, et al. 'Decision making in the incompetent elderly: "'The Daughter from California syndrome."' J Am Geriatr Soc. 1991 Apr; 39(4):396-9.

Noritoshi Tanida, 'Japanese Religious Organizations' View on Terminal Care.' Eubios Journal of Asian and International Bioethics 10(2000):34-7.

Oh do Y, Kim JH, Lee SH, Kim DW, Im SA, Kim TY, Heo DS, et al. 'Artificial nutrition and hydration in terminal cancer patients: the real and the ideal.' Support Care Cancer. 2007 Jun; 15(6):631-6.

Oh DY, Kim JE, Lee CH, Lim JS, Jung KH, Heo DS, Bang YJ, Kim NK. 'Discrepancies among patients, family members, and physicians in Korea in terms of values regarding the withholding of treatment from patients with terminal malignancies.' Cancer. 2004 May 1; 100(9):1961-6.

Oh DY, Kim JH, Kim DW, Im SA, Kim TY, Heo DS, Bang YJ, Kim NK. 'CPR or DNR? End-of-life decision in Korean cancer patients: a single center's experience.' Support Care Cancer. 2006 Feb; 14(2):103-8

Perkins HS. 'Controlling Death: The False Promise of Advance Directives.' Annals of Internal Medicine 2007; 147(1):51-57.

Sabatino CP. 'The evolution of health care advance planning law and policy.' Milbank Q. 2010 Jun; 88(2):211-39.

Wilkinson A, Wenger N, Shugarman LR. 'Literature Review on Advance Directives.' U.S. Department of Health and Human Services, 2007.

Yun YH, Kwak M, Park SM, Kim S, Choi JS, Lim HY, Lee CG, Choi YS, Hong YS, Kim SY, Heo DS. 'Chemotherapy use and associated factors among cancer patients near the end of life.' Oncology. 2007; 72(3-4):164-71

Yun YH, Kwon YC, Lee MK, Lee WJ, Jung KH, Do YR, Kim S, Heo DS, Choi JS, Park SY. 'Experiences and Attitudes of Patients With Terminal Cancer and Their Family Caregivers Toward the Disclosure of Terminal Illness.' J Clinical Oncology. 2010 Apr 10; 28(11):1950-7

Yun YH, Lee CG, Kim SY, Lee SW, Heo DS, Kim JS, Lee KS, Hong YS, Lee JS, 'You CH. The attitudes of cancer patients and their families toward the disclosure of terminal illness.' *J Clinical Oncology.* 2004 Jan 15; 22(2):307–14

Yun YH, Lee CG, Kim SY, Lee SW, Heo DS, Kim JS, Lee KS, Hong YS, Lee JS, You CH. 'The attitudes of cancer patients and their families toward the disclosure of terminal illness.' *J Clinical Oncology* 2004 Jan 15; 22(2):307–14

고윤석, 김일훈, 손명세 외, 『임종환자의 연명치료 중단에 관한 대한의학회 의료윤리지침 제1보』, 2002.

국가생명윤리심의위원회, 연명의료결정에 관한 권고, 2013.

김건열, 『존엄사』, 최신의학사, 2005.

김신미, 김순이, 이미애, 「생명연장술 사전선택(Advance Directives) 개념 정립을 위한 문헌 고찰」, 『대한간호학회지』 제31권 2호(2001):279–291.

김장한, 「새로운 형태의 환자동의서」, 『대한의사협회지』, 제48권 9호(2005):886–895.

남양훈, 서인석, 임지훈, 최준혁, 김장언, 최진호, 오지민, 권규흠, 윤수진, 윤성민. 말기신부전 환자에서 사전의사결정서의 적용. 대한신장학회지 2008: 27; 85–93.

대한의사협회 정책협의회, 보라매 병원 사건의 의학적 검토 보고서, 1998.

배종면, 공주영, 이재란, 허대석, 고윤석, 「전국 의료기관의 연명치료 대상자 입원 현황」, 『대한중환자의학회지』 제25권 1호(2010):16–20.

송태준, 김규표, 고윤석, 「한 대학병원 종양내과에서 사망한 환자들의 심폐소생술 금지 지시 결정 요소」, 『대한내과학회지』 제74권 4호(2008):403–410.

신현호, 『삶과 죽음 권리인가 의무인가』, 육법사, 2006.

심병용, 홍석인, 박진민, 종홍주, 옥종선, 김선영, 한선애, 이옥경, 김훈교, 「호스피스 병동에서 시행되는 말기 암 환자의 DNR(Do-Not-Resuscitate) 동의」, 『한국호스피스·완화의료학회지』 제7권 2호(2004):232–237.

안젤로 E. 볼란데스, 『우리 앞에 생이 끝나갈 때 꼭 해야 하는 이야기들』, 청년의사, 2016.

엄영란, 「병원윤리위원회 역할의 활성화 방안 탐색 연구」, 『한국의료윤리학회지』 제6권 1호(2003):35–53.

윤영섭, 권순효, 정재면, 전진석, 노현진, 한동철, 「임상연구: 투석 보류와 투석 중단의 결정에 대한 의사들의 태도」, 『Kidney Research and Clinical Practice(구 대한신장학회지)』 제28권 1호(2009):13-18.

윤영호 외, 「품위있는 죽음과 호스피스·완화의료에 대한 일반국민의 태도」, 『한국 호스피스·완화의료학회지』 제7권 1호(2004):17-28.

윤영호, 「임종 환자의 연명치료 중단에 대한 대한의학회 의료윤리지침 작성의 배경」, 대한의학회, 『임종환자의 연명치료 중단에 대한 대한의학회 의료윤리지침 제1보』, 2002. 9.

이윤성, 「연명치료 중단에 대한 국민의식 실태 조사 및 법제화 방안 연구」, 연구보고서, 2008.

이인영, 「존엄사에 대한 고찰」, 『한림법학 FORUM』 제14권(2004):151-184.

일본후생노동성, 종말기 의료의 결정 프로세스에 관한 가이드라인(終末期医療の決定プロセスに関するガイドライン), 2007. 5.

중국위생복리부, 안녕완화의료조례(安寧緩和醫療條例), 2000

한국보건의료연구원, 「무의미한 연명치료 중단을 위한 사회적 합의안 제시」, 『한국보건의료연구원 연구보고서』(2009):1-481.

허대석, 「무의미한 연명치료를 거부할 권리」, 『대한의사협회지』 제51권 6호(2008):524-529.

_____. 「무의미한 연명치료의 중단」, 『대한외과학회 학술대회 초록집』(2009):46-49.

_____. 「사전의사결정에 관한 국내 동향」, 한국의료윤리교육학회 추계학술대회, 2008.

_____. 「존엄한 삶의 마무리는 무엇인가?」, 『서울대학교병원 매거진 VOM』 2013년 가을호:14-15.

우리의 죽음이 삶이 되려면

ⓒ 허대석

1판 1쇄 2018년 1월 19일
1판 2쇄 2018년 2월 2일
2판 1쇄 2018년 10월 10일
2판 2쇄 2021년 2월 26일

지은이 허대석
펴낸이 강성민
편집장 이은혜
마케팅 정민호 김도윤 최원석
홍보 김희숙 김상만 함유지 김현지 이소정 이미희 박지원

펴낸곳 ㈜글항아리 | 출판등록 2009년 1월 19일 제406-2009-000002호

주소 10881 경기도 파주시 회동길 210
전자우편 bookpot@hanmail.net
전화번호 031-955-2696(마케팅) 031-955-1936(편집부)
팩스 031-955-2557

ISBN 978-89-6735-477-0 03300

글항아리는 ㈜문학동네의 계열사입니다.

잘못된 책은 구입하신 서점에서 교환해드립니다.
기타 교환 문의 031-955-2661, 3580

geulhangari.com